초보를 위한 일본어 회화 처방전

만능 핵심 패턴 일본어 88

와카메 센세 지음

동양북스

쵸보를 위한 일본어 회화 처방전
만능 핵심 패턴 88

초판 3쇄 | 2024년 5월 10일

지은이 | 와카메 센세
발행인 | 김태웅
책임 편집 | 길혜진, 이서인
디자인 | 남은혜, 김지혜
마케팅 총괄 | 김철영
온라인 마케팅 | 김은진
제작 | 현대순

발행처 | (주)동양북스
등 록 | 제2014-000055호 (2014년 2월 7일)
주 소 | 서울시 마포구 동교로22길 14 (04030)
구입 문의 | 전화 (02)337-1737 팩스 (02)334-6624
내용 문의 | 전화 (02)337-1762 dybooks2@gmail.com

ISBN 979-11-5768-957-6 13730

초보를 위한 일본어 회화 처방전

만능
핵심 일본어
패턴 88

일본어를 이제 막 시작한 20살 꼬꼬마 나를 만나고 왔다.

"일본어 공부, 뭐가 제일 힘드니?"

'입이 안 떼져.'
'말할 상대가 없어.'
'귀가 막혔나 봐. 아무것도 안 들려.'
'실력이 늘고 있는 건지, 제대로 하고 있는 건지.'

한국어와 어순이 같아서 껌이라며?! 쉽다며?!
점점 공부할수록 어렵고 일본어로 말 한마디 제대로 못하는 나.
이런 내가 막힘없이 술술 원어민처럼 말할 수 있는 날이 올까?

일본어 회화를 막힘없이 잘하고 싶었던 그 소녀는
일본어 선생님, 작가가 되었고 회화를 잘하고 싶은 꿈도 이루었다.

"20살 꼬꼬마야,
네가 일본어 회화를 잘할 수 있게 된 비법이 뭐니?"

1. 얼굴에 철판을 깔아야 해. 자존심 따위는 고이 접어 놓자.
   맞고 틀리고는 중요하지 않아! 그냥 내뱉어야 해. 많이 말해야 많이 늘어.

2. 역시 회화를 잘하는 비법은 '친구'야.
   하지만 나도 그렇듯 너도 주변에 일본인이 한 명도 없잖아.
   일본어로 말할 기회를 의도적으로 만들어야 해.
   회화 동호회나 스터디에 참여하고, 일본인 친구 찾기 어플을 활용하거나
   원어민 회화반 등록, 전화 일본어 등 모든 방법을 적극 검토해야 해.

3. 공짜로 할 수 있는 가장 좋은 방법은 '혼잣말'이야.
  혼자서 1인 2역을 하며 주거나 받거나 하루 종일 일본어로 중얼거리면
  여기가 일본인지 한국인지 헷갈리면서 머릿속이 일본어로 세팅된단다.
  꼭 해 봐~ 가장 효과가 좋았어.

4. 명심해! 인풋이 없으면 아웃풋도 없다는 것을.
  가장 중요한 건, 너의 머릿속이 텅 비어 있으면 유창한 회화는 절대 할 수 없다는 거야.
  실력을 쌓기 위해 단어, 문장을 외우며 꾸준히 공부해야 해.
  네가 그렇게 싫어하는 문법도 결국은 할 수밖에 없어.
  자주 쓰는 회화 패턴을 공부하면 더 빨리, 효율적으로 입을 뗄 수 있겠지.

"이외에도 나의 일본어 회화 비법은 많아.
그건 일본어 선생님이 된 미래의 내가 하나씩 체계적으로 알려줄 거야."

그 비법을 88패턴에 모두 담았어.
12개의 테마로 너의 고민, 어쩌면 우리 모두의 고민에 대해
처방전 형태로 상냥하고 따뜻하게 이야기해 줄 거야.

일본어 회화가 되지 않아 얼마나 답답하고 힘들겠어?
아픈 환자를 고치려는 의사 선생님의 마음으로, 네가 회화를 잘할 수 있게
최선의 해결책을 제시할 거야. 이 처방전이 너의 것이 되길 진심으로 바라.

2023년 여름, 20살 와카메 센세

❶ 12가지 고민

우리가 평소에 일본어를 공부하면서
가지고 있었던 고민을 네컷 만화로
풀어내었습니다.

❷ 와카메 센세의 특별 처방전!

그동안 풀리지 않았던 고민에 대해
센세의 따스한 격려와 더불어
맞춤 일본어 패턴 처방전을 만들어 드립니다.

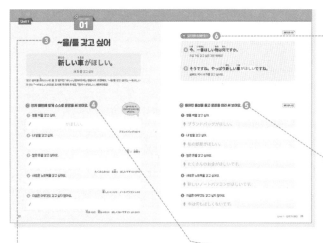

❻ 실전 회화 속 패턴 찾기

배운 패턴이 실생활 속에서 어떻게
사용되는지 회화로 공부해 볼 수 있습니다.
각 문장을 음원 속도로 말할 수 있도록
충분히 연습합니다.

❺ 다시 한 번 복습하기

패턴 예문을 원어민 발음으로 들어보고
다시 한 번 써 보아요.

❸ 패턴 및 해설

회화에도 도움이 되는 일본어 만능 핵심 패턴을
주리고 주려 88개 수록하였습니다.
반말/존댓말 표현, 긍정/부정 표현, 존경/겸양 표현 등
다양하게 비교하여 학습할 수 있도록 했습니다.

❹ 핵심 예문 써 보기

각 패턴 별로 실제 회화에서 가장 많이 쓰이는
5개의 예문이 수록되어 있습니다. 패턴을 보고
먼저 문장을 만들어 봅니다. 문장을 쓸 수 있도록
도움을 주는 단어 힌트가 있으므로 어렵지 않게
쓸 수 있습니다. 쓰다가 어려우면 옆 페이지 정답을
참고해도 됩니다.

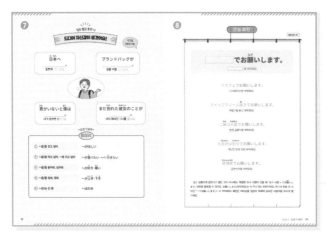

⑦ 총정리

배웠던 표현을 한 번 더 복습!
공부했던 패턴을 생각하며 빈칸을 채워 넣어요.
총정리에서는 공부했던 유닛의 핵심 패턴을
한눈에 볼 수 있습니다.

⑧ 만능 패턴

편하게 사용하고 싶은 회화 치트키!
이 패턴만 알면 회화에서 만능으로 사용 가능해요.
핵심만 외우고 일본인에게 말해 봅시다!

와카메 센세의 선물

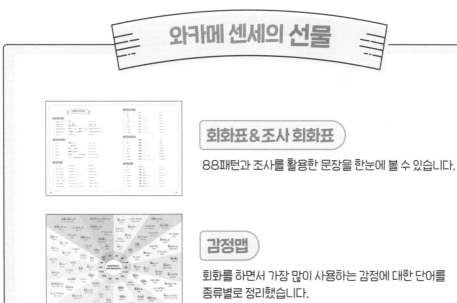

회화표&조사 회화표

88패턴과 조사를 활용한 문장을 한눈에 볼 수 있습니다.

감정맵

회화를 하면서 가장 많이 사용하는 감정에 대한 단어를
종류별로 정리했습니다.

쓰기 노트 PDF

본문에 나온 쓰기 공부가 부족하다면
올인원 페이지에서 다운받아 추가로 쓰기 공부가 가능해요.

일본어는 히라가나, 가타카나, 한자로 구성되어 있어요.
히라가나는 가장 기본이 되는 글자이고, 가타카나는 외래어를 표기할 때 많이 사용해요.
일본에서 쓰는 한자는 우리나라에서 쓰는 한자와 같은 모양인 것도 있지만 획수를 줄여
약자로 쓰는 것도 있어요.

히라가나 청음

ん(ン)을 제외한 히라가나, 가타카나는 모두 '청음'이에요. 맑고 청량하게 발음한다는 뜻이에요.

	행										
	あ [a]	か [ka]	さ [sa]	た [ta]	な [na]	は [ha]	ま [ma]	や [ya]	ら [ra]	わ [wa]	ん [n]
	い [i]	き [ki]	し [shi]	ち [chi]	に [ni]	ひ [hi]	み [mi]		り [ri]		
단	う [u]	く [ku]	す [su]	つ [tsu]	ぬ [nu]	ふ [fu]	む [mu]	ゆ [yu]	る [ru]		
	え [e]	け [ke]	せ [se]	て [te]	ね [ne]	へ [he]	め [me]		れ [re]		
	お [o]	こ [ko]	そ [so]	と [to]	の [no]	ほ [ho]	も [mo]	よ [yo]	ろ [ro]	を [wo]	

가타카나 청음

	행										
	ア [a]	カ [ka]	サ [sa]	タ [ta]	ナ [na]	ハ [ha]	マ [ma]	ヤ [ya]	ラ [ra]	ワ [wa]	ン [n]
	イ [i]	キ [ki]	シ [shi]	チ [chi]	ニ [ni]	ヒ [hi]	ミ [mi]		リ [ri]		
단	ウ [u]	ク [ku]	ス [su]	ツ [tsu]	ヌ [nu]	フ [fu]	ム [mu]	ユ [yu]	ル [ru]		
	エ [e]	ケ [ke]	セ [se]	テ [te]	ネ [ne]	ヘ [he]	メ [me]		レ [re]		
	オ [o]	コ [ko]	ソ [so]	ト [to]	ノ [no]	ホ [ho]	モ [mo]	ヨ [yo]	ロ [ro]	ヲ [wo]	

탁음

히라가나(가타카나) 오른쪽 위에 큰따옴표처럼 생긴 두 개의 점을 붙여 주세요.
탁하고 진한 소리가 나요.

が [ga]	ざ [za]	だ [da]	ば [ba]
ぎ [gi]	じ [ji]	ぢ [ji]	び [bi]
ぐ [gu]	ず [zu]	づ [zu]	ぶ [bu]
げ [ge]	ぜ [ze]	で [de]	べ [be]
ご [go]	ぞ [zo]	ど [do]	ぼ [bo]

반탁음

히라가나(가타카나) 오른쪽 위에 동그라미를 붙여 주세요.
가볍고 터지는 듯한 소리가 나요.

ぱ [pa]	ぴ [pi]	ぷ [pu]	ぺ [pe]	ぽ [po]

촉음

つ를 작게 써요. 우리말 'ㅅ' 받침과 비슷하나 한 박자예요.
뒤에 오는 음에 따라 'ㄱ, ㅂ' 받침처럼 발음되기도 해요.

요음

や, ゆ, よ를 작게 쓰는 것을 '요음'이라고 해요. 앞에 글자와 함께 읽으면 돼요.
예를 들어 「写真(しゃしん)」(사진)의 しゃ는 し(시)와 や(야)를 합해서 '샤'라고 읽으면 됩니다.

일본어 동사 종류&활용

동사 분류

엄청 많은 1그룹	단순하고 착한 2그룹	암기해야 할 3그룹
2, 3그룹이 아닌 나머지 동사	i ＋ る e ＋ る	암기 2개뿐!
かう 사다　　　　いく 가다	おきる 일어나다　ki ＋ る	くる 오다
はなす 이야기하다　まつ 기다리다		
しぬ 죽다　　　わかる 알다	たべる 먹다　　be ＋ る	する 하다

동사 ない형 만들기 : ~하지 않다

1그룹	2그룹	3그룹
う단　　→　あ단＋ない	~~る~~　→　ない	암기
かう　　→　かわない		
いく　　→　いかない	おきる　→　おきない	くる　　→　こない
はなす　→　はなさない		
まつ　　→　またない		
しぬ　　→　しなない	たべる　→　たべない	する　　→　しない
わかる　→　わからない		

📢 동사 ます형 만들기 : ~합니다

1그룹		2그룹		3그룹	
う단 →	い단 + ます	~~る~~ →	ます	암기	
かう →	かいます				
いく →	いきます	おきる →	おきます	くる →	きます
はなす →	はなします				
まつ →	まちます				
しぬ →	しにます	たべる →	たべます	する →	します
わかる →	わかります				

📢 동사 て형 만들기 : ~하고, 해서

1그룹			2그룹	3그룹
う、つ、る →	って			
ぬ、ぶ、む →	んで			
く →	いて		~~る~~ → て	암기
ぐ →	いで			
す →	して			
あう 만나다 →	あって			
あそぶ 놀다 →	あそんで			くる → きて
かく 쓰다 →	かいて		おきる → おきて	
およぐ 수영하다 →	およいで			する → して
はなす 이야기하다 →	はなして			

8주, 4주 자신의 스케줄에 맞게 도전해 보세요.

8주 플래너 : 하루에 2~3개 패턴씩 딱 8주만 도전해 보세요.

1주	1 2 ○	3 5 ○	6 7 ○	8 9 ○	10 11 ○
2주	12 13 ○	14 15 ○	16 17 ○	18 19 ○	20 21 ○
3주	22 23 ○	24 25 ○	26 27 ○	28 29 ○	30 31 ○
4주	32 33 ○	34 35 ○	36 37 ○	38 39 ○	40 41 ○
5주	42 43 ○	44 46 ○	47 48 ○	49 51 ○	52 53 ○
6주	54 56 ○	57 58 ○	59 61 ○	62 64 ○	65 66 ○
7주	67 69 ○	70 72 ○	73 74 ○	75 76 ○	77 78 ○
8주	79 80 ○	81 82 ○	83 84 ○	85 86 ○	87 88 ○

1주	1 5 ○	6 9 ○	10 14 ○	15 19 ○	20 23 ○
2주	24 27 ○	28 31 ○	32 35 ○	36 40 ○	41 45 ○
3주	46 49 ○	50 54 ○	55 58 ○	59 63 ○	64 68 ○
4주	69 72 ○	73 76 ○	77 80 ○	81 84 ○	85 88 ○

목차

Unit 1

고민 : 일본인 앞에서 입도 뻥긋 못하는 나   처방전 : 입트기 패턴 - ❺

Unit 2

고민 : 머릿속이 뒤죽박죽되는 나   처방전 : 육하원칙 패턴 - ❻

Unit 5

Unit 6

Unit 7

Unit 8

Unit 11

Unit 12

Unit 1

고민

일본인 앞에서 입도 뻥긋 못하는 나

입도 뻥긋 못한 당신에겐

입트기 패턴
처방전

자신감 💊💊💊💊

담대함 💊💊💊

실력 💊

정신 차리기 🥤

첫 시작은 누구나 그래요. 처음부터 말을 술술~ 잘하는 사람은 아무도 없을 거예요. 지금 달인 경지에 이른 사람도 처음엔 다 꿀 먹은 벙어리였고, 바보였을 겁니다. 회화를 잘하기 위해 겪어야 하는 좋은 경험을 하신 거예요. 이것을 거울삼아 앞으로를 대비하시면 돼요. 그래도 칭찬 드리고 싶은 건 길을 물어본다는 질문을 캐치하셨잖아요. 일본어를 시작조차 하지 않으셨다면 아무것도 들리지 않았을 겁니다. 그 시작을 칭찬 드립니다.^^

회화를 할 때 자신감이 50%는 먹고 들어가요. 회화를 하기 전에는 자기 암시가 도움이 됩니다. "난 멋지다!", "내 일본어는 충분히 훌륭하다"라며 자신을 믿어주세요. 모든 단어를 다 조합해서 완벽한 문장으로 말하려고 하지 마세요. 틀려도 됩니다. 입을 열고 뭐라도 말해야 회화를 잘할 수 있어요. 그 시작인 '입트기'를 이번 파트에서 도와드릴 거예요. 허점 투성이의 일본어를 부디 즐겨주세요.

~을/를 갖고 싶어

あたら   くるま
新しい車がほしい。

새 차를 갖고 싶어.

'갖고 싶어'를 持ちたい로 쓸 것 같지만 「ほしい」(원하다)라는 형용사로 표현해요. '~을/를 갖고 싶다'는 ~を ほしい가 아닌 「~がほしい」이므로 조사에 주의해 주세요. 「명사 + がほしい」 패턴이에요!

✅ 먼저 패턴에 맞게 스스로 문장을 써 보아요.

> 일본어로 쓰는 게 막막하다면 옆 페이지를 살짝 보아요.

①·· 명품 백을 갖고 싶어.

✏️   がほしい。

ブランドバッグ 명품 백

②·· 내 방을 갖고 싶어.

✏️

わたし   へや
私 나 部屋 방

③·· 많은 돈을 갖고 싶어요.

✏️

かね
たくさんの 많은 お金 돈 ほしいです 갖고 싶어요

④·· 새로운 노트북을 갖고 싶어요.

✏️

あたら
新しい 새, 새로운 ノートパソコン 노트북

⑤·· 지금은 아무것도 갖고 싶지 않아요.

✏️

いま   なに
今は 지금은 何も 아무것도 ほしくないです 갖고 싶지 않아요

Ⓐ 今、一番ほしい物は何ですか。

지금 가장 갖고 싶은 것은 뭐예요?

Ⓑ そうですね。やっぱり新しい車がほしいですね。

글쎄요. 역시 새 차를 갖고 싶네요.

✅ 원어민 음성을 듣고 문장을 따라 써 보아요.

❶ 명품 백을 갖고 싶어.

🎤 ブランドバッグがほしい。

❷ 내 방을 갖고 싶어.

🎤 私の部屋がほしい。

❸ 많은 돈을 갖고 싶어요.

🎤 たくさんのお金がほしいです。

❹ 새로운 노트북을 갖고 싶어요.

🎤 新しいノートパソコンがほしいです。

❺ 지금은 아무것도 갖고 싶지 않아요.

🎤 今は何もほしくないです。

·입트기 패턴·
02

~을/를 먹고 싶어, ~에 가고 싶어

すしが食べたい。日本へ行きたい。

초밥을 먹고 싶어.　　　　　　　　　　일본에 가고 싶어.

食べる(먹다) → 食べたい(먹고 싶다), 行く(가다) → 行きたい(가고 싶다)처럼 '~하고 싶다'는 동사의 ます형에 「~たい」를 붙이면 됩니다. 「すしを食べたい」(초밥을 먹고 싶다)에서 조사 を를 쓰면 먹고 싶은 동작을 강조하게 되고, 「すしが食べたい」처럼 조사 が를 쓰면 대상인 초밥을 강조하게 됩니다.

☑ 먼저 패턴에 맞게 스스로 문장을 써 보아요.

> 일본어로 쓰는 게
> 막막하다면 옆 페이지를
> 살짝 보아요.

①·· 맛있는 것을 먹고 싶어.

　🖉　　　　　　　　が食べたい。

おいしい 맛있는　もの 것, 물건

②·· 돼지고기나 소고기를 먹고 싶어.

　🖉

豚肉 돼지고기　~か ~든지, ~이나　牛肉 소고기

③·· 야식으로 간단히 라멘이라도 먹고 싶어.

　🖉

夜食 야식　簡単に 간단히　ラーメン 라멘　~でも ~라도

④·· 온천에 가고 싶어요.

　🖉

温泉 온천

⑤·· 다음에는 가족과 함께 가고 싶어요.

　🖉

今度は 다음에는　家族 가족　~と一緒に ~와 함께

Ⓐ **スリムになりたいなあ。**

날씬해지고 싶어.

Ⓑ **じゃ、一緒にジムに通わない？**
　　　いっしょ　　　　かよ

그럼 같이 헬스장에 안 다닐래?

☑️ **원어민 음성을 듣고 문장을 따라 써 보아요.**

❶⁻ 맛있는 것을 먹고 싶어.

🎤 おいしいものが食べたい。

❷⁻ 돼지고기나 소고기를 먹고 싶어.

🎤 豚肉か牛肉が食べたい。

❸⁻ 야식으로 간단히 라멘이라도 먹고 싶어.

🎤 夜食で簡単にラーメンでも食べたい。

❹⁻ 온천에 가고 싶어요.

🎤 温泉へ行きたいです。

❺⁻ 다음에는 가족과 함께 가고 싶어요.

🎤 今度は家族と一緒に行きたいです。

~을/를 좋아해, 싫어해

辛_{から}いもの が好_すき・嫌_{きら}い。

매운 음식을 좋아해.   싫어해.

'~을/를 좋아하다, 싫어하다'라고 표현할 때 조사는 를가 아닌 「が」를 사용합니다.

好_すきだ 좋아하다 ➡ 好き(회화체) 좋아해 ➡ 好きです 좋아해요

嫌_{きら}いだ 싫어하다 ➡ 嫌い(회화체) 싫어해 ➡ 嫌いです 싫어해요

☑ 먼저 패턴에 맞게 스스로 문장을 써 보아요.

> 일본어로 쓰는 게
> 막막하다면 옆 페이지를
> 살짝 보아요.

① ·· 아직 헤어진 그를 좋아해.

✎   が好き。

まだ 아직   別_{わか}れる 헤어지다   彼_{かれ}のこと 그, 그의 일

② ·· 라멘에 달걀을 넣어서 먹는 것을 좋아해요.

✎

~に ~에   卵_{たまご} 달걀   ~を入_いれる ~을/를 넣다   동사+の ~하는 것

③ ·· 사람과 만나는 것을 좋아해요.

✎

人_{ひと} 사람   ~と ~와/과   触_ふれ合_あう 교류하다, 만나다

④ ·· 공을 사용하는 운동을 싫어해요.

✎

ボール 공   使_{つか}う 사용하다   運動_{うんどう} 운동

⑤ ·· 친절한 사람은 좋아하지만 뻔뻔한 사람은 싫어해요.

✎

親切_{しんせつ}な 친절한   人_{ひと} 사람   ~が ~이지만   図々_{ずうずう}しい 뻔뻔하다

Ⓐ 麺はかたいのと柔らかいのとどっちが好きですか。
めん　　　　　　　　　やわ　　　　　　　　　　　す

면은 꼬들한 것과 부드러운 것 어느 쪽을 좋아해요?

Ⓑ そうですね。どっちかというとかたい方が好きですね。
　　　　　　　　　　　　　　　　　　ほう　す

글쎄요. 어느 쪽인가 하면 꼬들한 쪽을 좋아해요.

✓ 원어민 음성을 듣고 문장을 따라 써 보아요.　MP3 01-06

❶ 아직 헤어진 그를 좋아해.

🎤 まだ別れた彼のことが好き。

❷ 라멘에 달걀을 넣어서 먹는 것을 좋아해요.

🎤 ラーメンに卵を入れて食べるのが好きです。

❸ 사람과 만나는 것을 좋아해요.

🎤 人と触れ合うのが好きです。

❹ 공을 사용하는 운동을 싫어해요.

🎤 ボールを使う運動が嫌いです。

❺ 친절한 사람은 좋아하지만 뻔뻔한 사람은 싫어해요.

🎤 親切な人は好きだが、図々しい人は嫌いです。

~을/를 잘해, 못해

日本語が上手・下手。
にほんご　じょうず　へた

일본어를 잘해.　　　　　　　못해.

'~을/를 잘하다, 못하다'라고 표현할 때, 조사는 를가 아닌「が」를 사용합니다.

上手だ 잘하다 ➡ 上手(회화체) 잘해 ➡ 上手です 잘해요
じょうず

下手だ 못하다 ➡ 下手(회화체) 못해 ➡ 下手です 못해요
へた

☑ 먼저 패턴에 맞게 스스로 문장을 써 보아요.

> 일본어로 쓰는 게
> 막막하다면 옆 페이지를
> 살짝 보아요.

① 그는 영어도 일본어도 잘해요.

🖉　　　　　　も上手です。

彼 그　英語 영어　~も ~도
かれ　えいご

② 노래도 잘하지만 춤을 더 잘 춰.

🖉

歌 노래　~が ~이지만　ダンス 댄스, 춤　もっと 더, 더욱
うた

③ 못합니다만, 최선을 다하겠습니다.

🖉

最善をつくす 최선을 다하다
さいぜん

④ 먹는 것은 잘하지만, 만드는 것은 못해요.

🖉

食べる 먹다　こと 일, 것　作る 만들다
た　　　　　　　　　　　つく

⑤ 일본어 스피치 대회에서 최우수 수상, 역시 잘한다.

🖉

スピーチ 스피치　大会 대회　~で ~에서　最優秀 최우수　受賞 수상　やはり 역시
たいかい　　　　　さいゆうしゅう　じゅしょう

Ⓐ 私は字が下手で恥ずかしいです。

나는 글자를 못써서 창피해요.

Ⓑ え、そんなに下手じゃないですよ。

네? 그렇게 못쓰지는 않아요.

✅ 원어민 음성을 듣고 문장을 따라 써 보아요.

MP3 01-08

❶·· 그는 영어도 일본어도 잘해요.

🎤 彼は英語も日本語も上手です。

❷·· 노래도 잘하지만 춤을 더 잘 춰.

🎤 歌も上手だが、ダンスがもっと上手。

❸·· 못합니다만, 최선을 다하겠습니다.

🎤 下手ですが、最善をつくします。

❹·· 먹는 것은 잘하지만, 만드는 것은 못해요.

🎤 食べることは上手だが、作ることは下手です。

❺·· 일본어 스피치 대회에서 최우수 수상, 역시 잘한다

🎤 日本語スピーチ大会で最優秀受賞、やはり上手だ。

~은/는 안 돼

おしゃべりはだめ。

잡담은 안 돼.

「だめだ」는 '안 된다, 소용없다'라는 뜻으로 금지를 나타내요. 문장 끝에 「よ」를 써서 더 강조하여 표현할 수 있습니다.

> だめだ 안 된다 ➡ だめ(회화체) 안 돼 ➡ だめです 안 돼요

☑ **먼저 패턴에 맞게 스스로 문장을 써 보아요.**

> 일본어로 쓰는 게 막막하다면 옆 페이지를 살짝 보아요.

① 싸움은 안 돼.

✎   はだめ。

けんか 싸움

② 바람(피우는 것)은 안 된다.

✎

浮気 바람기, 바람

③ 왕따는 안 돼요.

✎

いじめ 왕따, 따돌림

④ 네가 없으면 나는 안 된다.

✎

君 너 いない 없다 ～と ~하면 僕 나(친근한 표현)

⑤ 수업 중 잡담은 안 돼요.

✎

授業中 수업 중 よ 종조사(강조)

🔍 실전 회화 속 패턴 찾기

A 一日中ゲーム<u>は</u><u>だめ</u>だよ。
いちにちじゅう

하루 종일 게임은 안 돼.

B うん、わかった。ごめん。

응 알겠어. 미안.

✅ **원어민 음성을 듣고 문장을 따라 써 보아요.**

① ⸱⸱ 싸움은 안 돼.

🎤 けんかはだめ。

② ⸱⸱ 바람(피우는 것)은 안 된다.

🎤 浮気はだめだ。

③ ⸱⸱ 왕따는 안 돼요.

🎤 いじめはだめですよ。

④ ⸱⸱ 네가 없으면 나는 안 된다.

🎤 君がいないと僕はだめだ。

⑤ ⸱⸱ 수업 중 잡담은 안 돼요.

🎤 授業中、おしゃべりはだめですよ。

드디어 자신감이 생겼어요!

빈칸을 채워보세요.

日本へ
_____。
일본에 가고 싶어.

ブランドバッグが
_____。
명품 백을 갖고 싶어.

君がいないと僕は
_____。
네가 없으면 난 안 돼.

まだ別れた彼女のことが
_____。
아직 헤어진 그녀를 좋아해.

• 입트기 패턴 •

총정리

①	~을/를 갖고 싶어	~がほしい
②	~을/를 먹고 싶어, ~에 가고 싶어	~が食べたい・~へ行きたい
③	~을/를 좋아해, 싫어해	~が好き・嫌い
④	~을/를 잘해, 못해	~が上手・下手
⑤	~은/는 안 돼	~はだめ

^{ねが}
[　　　　　]でお願いします。

[　　　　　] 로 부탁해요.

デカフェでお願いします。

디카페인으로 부탁해요.

ホイップクリーム抜^ぬきでお願いします。

휘핑크림 빼고 부탁해요.

ご飯^{はん}は大盛^{おおもり}でお願いします。

밥은 곱빼기로 부탁해요.

お会計^{かいけい}は別々^{べつべつ}でお願いします。

계산은 따로 따로 부탁해요.

禁煙席^{きんえんせき}でお願いします。

금연석으로 부탁해요.

　길고 장황하게 말한다고 좋은 것이 아니에요. 특별한 요구 사항이 있을 때 「요구 사항+でお願^{ねが}いします」 패턴을 활용할 수 있어요. お願いします(부탁해요)는 누구나 아는 표현이에요. 여기서 한발 더 나아간 「~でお願いします」(~로 부탁해요) 패턴은 여러분을 일본어 회화에 능숙한 사람처럼 보이게 할 거예요.

Unit 2

고민

머릿속이
뒤죽박죽되는 나

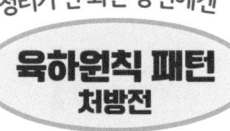

정리가 안 되는 당신에겐

육하원칙 패턴
처방전

자신감 🔵🔵🔵

창의력 🔵🔵🔵

순발력 🔵🔵

열정 🧪🧪

일본어 회화를 위해 학원도 다니면서 노력하는 모습이 너무 기특해요. 학원비가 얼마죠? 일본어 학원은 1:1 수업이 아니기에 최대한 말을 많이 해야 합니다. 그래야 돈이 안 아까워요. 열정 물약 두 병을 마시고, "내 피 같은 돈 안 아깝게 한 마디라도 더 해야겠다!" 다짐해 주세요. 우리의 일상은 항상 똑같고 단조로워요. 특별한 일이 없는 일상을, 매일 똑같이 회화 시간에 말하려고 하니 같은 말만 하겠죠.

조금은 창의력이 필요한 시간입니다. 오랜만에 맛집 탐방을 갔다. 친구 생일이라 파티룸에서 파티를 했다. 충분히 일어날 수 있는 나의 주말을 만들어 발표하는 거예요. 자신감과 순발력 캡슐이 필요하겠네요. 바로 즉석에서 말하는 건 힘들 수 있어요. 그러니 꼭 대본 쓰기를 추천드립니다. 대본은 육하원칙(언제, 어디서, 무엇을, 어떻게, 왜)을 생각하며 쓰세요. 머릿속이 조금은 정리가 될 거예요. 이번 파트에서 육하원칙 패턴을 공부한 뒤 '나의 주말' 대본을 작성해 보아요.

누가

あの人は誰ですか。

<ruby>人<rt>ひと</rt></ruby> <ruby>誰<rt>だれ</rt></ruby>

저 사람은 누구예요?

「～は誰ですか」(～은/는 누구예요?)는 '누구'인지 궁금할 때 물어보는 패턴이에요. 높여서 말할 때는 「～はどなたですか」로 '～은/는 어느 분이세요?'라고 해요. 친구처럼 편한 사이에는 「～は誰?」(～은/는 누구야?)라고 하면 됩니다.

☑ 먼저 패턴에 맞게 스스로 문장을 써 보아요.

> 일본어로 쓰는 게
> 막막하다면 옆 페이지를
> 살짝 보아요.

① 좋아하는 연예인이 누구예요?

✏️   は誰ですか。

<ruby>好<rt>す</rt></ruby>きな 좋아하는   <ruby>芸能人<rt>げいのうじん</rt></ruby> 연예인

② 존경하는 사람은 누구예요?

✏️

<ruby>尊敬<rt>そんけい</rt></ruby>する 존경하다   <ruby>人<rt>ひと</rt></ruby> 사람

③ 베프는 누구야?

✏️

<ruby>親友<rt>しんゆう</rt></ruby> 베스트 프렌드

④ 교실에는 누가 있어요?

✏️

<ruby>教室<rt>きょうしつ</rt></ruby> 교실   ～には ～에는   いますか 있습니까?

⑤ 수학 선생님은 어느 분이세요?

✏️

<ruby>数学<rt>すうがく</rt></ruby> 수학   <ruby>先生<rt>せんせい</rt></ruby> 선생님

Ⓐ 次の方はどなたですか。

다음 분은 누구세요?

Ⓑ はい、私です。

네. 저예요.

☑️ **원어민 음성을 듣고 문장을 따라 써 보아요.**

❶ 좋아하는 연예인이 누구예요?

🎤 好きな芸能人は誰ですか。

❷ 존경하는 사람은 누구예요?

🎤 尊敬する人は誰ですか。

❸ 베프는 누구야?

🎤 親友は誰？

❹ 교실에는 누가 있어요?

🎤 教室には誰がいますか。

❺ 수학 선생님은 어느 분이세요?

🎤 数学の先生はどなたですか。

언제

お<ruby>誕生日<rt>たん じょう び</rt></ruby>はいつですか。

생일은 언제예요?

'언제야?'라고 반말체로 묻고 싶을 때는 「いつ?」라고 하고 끝을 올립니다. 「いつ<ruby>大阪<rt>おおさか</rt></ruby>へ<ruby>行<rt>い</rt></ruby>くの?」(언제 오사카에 가?)처럼 문장 앞에 いつ를 붙여 물어보는 문장을 만들 수 있어요.

☑ **먼저 패턴에 맞게 스스로 문장을 써 보아요.**

> 일본어로 쓰는 게 막막하다면 옆 페이지를 살짝 보아요.

① ·· 결혼기념일은 언제예요?

✎   はいつですか。

<ruby>結婚記念日<rt>けっ こん き ねん び</rt></ruby> 결혼기념일

② ·· 송별회는 언제예요?

✎

<ruby>送別会<rt>そうべつかい</rt></ruby> 송별회

③ ·· 언제부터 줄근해요?

✎

～から ～부터　<ruby>出勤<rt>しゅっきん</rt></ruby> 출근

④ ·· 언제 만날까요?

✎

<ruby>会<rt>あ</rt></ruby>う 만나다　～ましょうか ～할까요?

⑤ ·· 언제 한가해요?

✎

<ruby>暇<rt>ひま</rt></ruby>だ 한가하다

🔍 실전 회화 속 패턴 찾기

Ⓐ 中間テストはいつ？
　　ちゅうかん

중간고사는 언제야?

Ⓑ 4月20日だよ。
　　し がつ はつか

4월 20일이야.

☑️ **원어민 음성을 듣고 문장을 따라 써 보아요.**　　MP3 02-04

❶‥ 결혼기념일은 언제예요?

🎤 結婚記念日はいつですか。

❷‥ 송별회는 언제예요?

🎤 送別会はいつですか。

❸‥ 언제부터 출근해요?

🎤 いつから出勤ですか。

❹‥ 언제 만날까요?

🎤 いつ会いましょうか。

❺‥ 언제 한가해요?

🎤 いつ暇ですか。

어디

バス停はどこですか。
てい

버스정류장은 어디예요?

「〜はどこですか」(〜은/는 어디예요?)는 '어디'인지 장소가 궁금할 때 물어보는 패턴이에요. 친구처럼 편한 사이에서는 「〜はどこ？」(〜은/는 어디야?)라고 하면 됩니다.

☑ **먼저 패턴에 맞게 스스로 문장을 써 보아요.**

> 일본어로 쓰는 게
> 막막하다면 옆 페이지를
> 살짝 보아요.

① ·· 역은 어디예요?

✎　　　　　　はどこですか。

駅 역
えき

② ·· 1번 출구는 어느 쪽이에요?

✎

一番 1번　出口 출구　どっち 어느 쪽
いちばん　で ぐち

③ ·· 지금 어디예요?

✎

今 지금
いま

④ ·· 프레젠테이션 자료는 어디에 있어요?

✎

プレゼン 프레젠테이션　資料 자료　どこに 어디에　あります 있습니다
し りょう

⑤ ·· 출신지는 어디예요?

✎

出身地 출신지
しゅっしん ち

Ⓐ トイレはどこ？

화장실은 어디야?

Ⓑ すぐそこだよ。

바로 거기야.

✅ **원어민 음성을 듣고 문장을 따라 써 보아요.**

❶ ·· 역은 어디예요?

🎤 駅はどこですか。

❷ ·· 1번 출구는 어느 쪽이에요?

🎤 一番出口はどっちですか。

❸ ·· 지금 어디예요?

🎤 今、どこですか。

❹ ·· 프레젠테이션 자료는 어디에 있어요?

🎤 プレゼンの資料はどこにありますか。

❺ ·· 출신지는 어디예요?

🎤 出身地はどこですか。

육하원칙 패턴

09

무엇을

急に休みになったら何をする？

갑자기 휴일이 생기면 뭐 해?

「何」는 '무엇'을 나타내는 의문사예요. 「何を＋동사」 혹은 「〜は何ですか」(〜은/는 뭐예요?)라는 패턴으로 자주 사용합니다. 친한 친구끼리는 「〜は何？」(〜은/는 뭐야?)라고 하면 돼요.

✅ **먼저 패턴에 맞게 스스로 문장을 써 보아요.**

> 일본어로 쓰는 게 막막하다면 옆 페이지를 살짝 보아요.

1 ‥ 점심 메뉴는 뭐예요?

✏️　　　　　　　は何ですか。

お昼 낮, 점심　メニュー 메뉴

2 ‥ 취미는 뭐예요?

✏️

趣味 취미

3 ‥ 좋아하는 과자는 뭐예요?

✏️

好きな 좋아하는　お菓子 과자

4 ‥ 이제부터 뭐 하고 싶어요?

✏️

これから 이제부터　したい 하고 싶다

5 ‥ 지금 고민은 뭐예요?

✏️

今 지금　悩み 고민　명사＋の＋명사

42

Ⓐ レポートのテーマは何^{なん}ですか。

레포트 테마는 뭐예요?

Ⓑ 日本^{にほん}の歴史^{れきし}です。

일본의 역사예요.

✅ **원어민 음성을 듣고 문장을 따라 써 보아요.**

MP3 02-08

① 점심 메뉴는 뭐예요?

🎤 お昼のメニューは何ですか。

② 취미는 뭐예요?

🎤 趣味は何ですか。

③ 좋아하는 과자는 뭐예요?

🎤 好きなお菓子は何ですか。

④ 이제부터 뭐 하고 싶어요?

🎤 これから何したいですか。

⑤ 지금 고민은 뭐예요?

🎤 今の悩みは何ですか。

어떻게

どうしたらいいか<ruby>分<rt>わ</rt></ruby>かりません。

어떻게 하면 좋을지 모르겠어요.

「どう」는 '어떻게'라는 뜻으로 회화체에서 「どうやって」로 강조해서 쓸 수 있어요. 「どう～たら」(어떻게 ～하면)의 패턴으로도 많이 사용해요.

✔ 먼저 패턴에 맞게 스스로 문장을 써 보아요.

> 일본어로 쓰는 게 막막하다면 옆 페이지를 살짝 보아요.

① ·· 요즘 어때?

✎　　　どう？

<ruby>最近<rt>さいきん</rt></ruby> 최근

② ·· 역까지 어떻게 가나요?

✎

<ruby>駅<rt>えき</rt></ruby> 역　～まで ～까지　<ruby>行<rt>い</rt></ruby>きます 갑니다

③ ·· 이것은 어떻게 먹는 거예요?

✎

<ruby>食<rt>た</rt></ruby>べる 먹다　～んですか ～인 거예요?

④ ·· 이것은 어떻게 사용하나요?

✎

これ 이것　<ruby>使<rt>つか</rt></ruby>います 사용합니다

⑤ ·· 초보라서 어떻게 해야 좋을지 모르겠어요.

✎

<ruby>初心者<rt>しょしんしゃ</rt></ruby> 초보, 초심자　명사＋な＋ので ～이라서, ～때문에　いいか 좋을지　<ruby>分<rt>わ</rt></ruby>かりません 모릅니다

Ⓐ どうしたの？<ruby>難<rt>むずか</rt></ruby>しい<ruby>顔<rt>かお</rt></ruby>をして。

왜 그래? 안 좋은 얼굴을 하고.

Ⓑ <ruby>手伝<rt>てつだ</rt></ruby>って。<ruby>報告書<rt>ほうこくしょ</rt></ruby>どうしたらいいか<ruby>分<rt>わ</rt></ruby>からないの。

도와줘. 보고서 어떻게 하면 좋을지 모르겠어.

✅ **원어민 음성을 듣고 문장을 따라 써 보아요.**

MP3 02-10

❶ 요즘 어때?

🎤 最近、どう？

❷ 역까지 어떻게 가나요?

🎤 駅までどうやって行きますか。

❸ 이것은 어떻게 먹는 거예요?

🎤 これはどうやって食べるんですか。

❹ 이것은 어떻게 사용하나요?

🎤 これはどうやって使いますか。

❺ 초보라서 어떻게 해야 좋을지 모르겠어요.

🎤 初心者なのでどうしたらいいか分かりません。

왜

どうしてうそをついたの？

왜 거짓말을 했어?

「どうして」는 '왜, 어째서'라는 뜻으로 「なんで/なぜ」로 바꿔쓸 수 있어요. なぜ가 더 딱딱한 느낌입니다. 「どうして ～の？」 문형은 '왜 ～했어?'의 반말체 패턴이에요. の를 문말에 써서 끝을 올리면 반말체 의문형이 되고, 끝을 내리면 반말체 단정형이 됩니다. 「どうして～ですか」(어째서 ～입니까?)로 쓸 수 있어요.

✅ **먼저 패턴에 맞게 스스로 문장을 써 보아요.**

> 일본어로 쓰는 게 막막하다면 옆 페이지를 살짝 보아요.

① 왜 이렇게 늦었어?

✏️ どうして

こんなに 이렇게　遅れる 늦다, 지각하다

② 어제는 왜 쉬었어?

✏️

昨日 어제　休んだ 쉬었다

③ 왜 잠자코 있는 거야?

✏️

黙る 가만히 있다, 침묵하다　～ている ～하고 있다　～のか ～거야?, ～것인가?

④ 왜 아무 말도 안 해?

✏️

何も 아무것도　言わない 말하지 않다

⑤ 왜 그럴까?

✏️

なぜ 왜 + だろう 일까?

MP3 02-11

Ⓐ どうして先^{さき}に帰^{かえ}った^{の？}

왜 먼저 갔어?

Ⓑ ごめん。急用^{きゅうよう}ができたの。

미안. 급한 일이 생겼어.

✅ **원어민 음성을 듣고 문장을 따라 써 보아요.**

MP3 02-12

❶ ·· 왜 이렇게 늦었어?

🎤 どうしてこんなに遅れたの？

❷ ·· 어제는 왜 쉬었어?

🎤 昨日はどうして休んだの？

❸ ·· 왜 잠자코 있는 거야?

🎤 どうして黙っているのか。

❹ ·· 왜 아무 말도 안 해?

🎤 どうして何も言わないの？

❺ ·· 왜 그럴까?

🎤 なぜだろう。

정리가 안 되었던 나

이제 차근차근 이야기할 수 있어요.

빈칸을
채워보세요.

親友は _____。
しんゆう
베프는 누구야?

趣味は _____。
しゅみ
취미는 뭐예요?

今、_____。
いま
지금 어디예요?

_____ 会いましょうか。
あ
언제 만날까요?

•육하원칙 패턴•

총정리

①	누가	誰が だれ
②	언제	いつ
③	어디서	どこで
④	무엇을	何を なに
⑤	어떻게	どう
⑥	왜	どうして

만능 패턴

[   ] にします。

[   ] ~로/ 으로 하겠습니다.

ステーキにします。

스테이크로 하겠습니다.

これにします。

이것으로 하겠습니다.

<ruby>私<rt>わたし</rt></ruby>はいつものにします。

저는 평상시 먹는 것으로 하겠습니다.

ボリュームのあるものにします。

양 많은 것으로 하겠습니다.

<ruby>日替<rt>ひ が</rt></ruby>わり<ruby>定食<rt>ていしょく</rt></ruby>にします。

오늘의 정식으로 하겠습니다.

식당에서 메뉴를 정할 때, 쇼핑에서 구입할 물건을 정할 때 유용한 패턴이에요. 어떤 것으로 하겠다는 '결정'의 패턴입니다. 간단하게 「정한 음식(또는 물건) + にします」로 쓰시면 됩니다.

Unit 3

고민

단어만 나열하는
단순한 회화를 하는 나

단순함에 지친 당신에겐

명사 패턴
처방전

문법   〰〰〰〰〰

모범생   〰〰

정신 차리기   〰

인내심   〰〰

일단은 뭐든 말해 보려는 그 의지와 열정을 칭찬해요. 사실 단어만 나열해도 알아듣는 사람은 다 알아들어요. 듣는 일본인이 조금 피곤할 뿐이지. 하지만 우리가 원하는 건 이게 아니잖아요. 좀 더 세련된 일본어, 제대로 된 일본어를 구사하고 싶은 거잖아요.

일단 정신을 차리기 위한 가루약을 하나 드세요. 머리가 아플 수 있는 문법을 해야 하기 때문이죠. "딱딱하고 재미없는 문법, 회화에선 하나도 도움 안 돼요."라며 외면하고 싶죠? 하지만 학습자님이 단어로만 문장을 말하는 이유는 일본어 뼈대인 문법이 제대로 자리 잡혀 있지 않기 때문이에요. 이번 기회에 '제대로 일본어 공부를 해 보겠다' 모범생이 되어 이 공부를 기꺼이 즐겨보겠다는 의지로 선생님과 함께 해 주세요. 문법이라 해서 딱딱하게 설명하지 않아요. 일상생활에 많이 쓰는 패턴으로 명사부터 차근차근 공부할 예정이에요. 인내심을 갖고 꼭 함께해 주세요!

아이돌이야

アイドルだ。

아이돌이야.

「명사 + だ」형태로 문장에서는 '~다', 회화에서는 '~이야'로 해석할 수 있어요. 문장 끝에 「よ」를 붙여 강조해서 표현할 수 있습니다.

✅ 먼저 패턴에 맞게 스스로 문장을 써 보아요.

> 일본어로 쓰는 게
> 막막하다면 옆 페이지를
> 살짝 보아요.

①·· 대학교 3학년이야.

✏ _____ だ。

大学 대학교　三年生 3학년

②·· 2010년 생이야.

✏

二千十年 2010년　生まれ ~생

③·· 여기는 내 방이야.

✏

ここ 여기　私の 나의　部屋 방

④·· 범인은 저 사람이다!

✏

犯人 범인　あの人 저 사람

⑤·· 취미는 드라이브고 특기는 세차야.

✏

趣味 취미　~で ~이고　特技 특기　洗車 세차

Ⓐ あの人<ruby>人<rt>ひと</rt></ruby>だれ？

저 사람 누구야?

Ⓑ <ruby>人気<rt>にんき</rt></ruby>アイドルだよ。

인기 아이돌이야.

☑ **원어민 음성을 듣고 문장을 따라 써 보아요.**

❶ ‥ 대학교 3학년이야.

🎤 大学三年生だ。

❷ ‥ 2010년 생이야.

🎤 二千十年生まれだ。

❸ ‥ 여기는 내 방이야.

🎤 ここは私の部屋だ。

❹ ‥ 범인은 저 사람이다!

🎤 犯人はあの人だ!

❺ ‥ 취미는 드라이브고 특기는 세차야.

🎤 趣味はドライブで特技は洗車だ。

아이돌이었어

アイドルだった。

아이돌이었어.

「명사＋だった」형태로 문장에서는 '~였다', '~이었다' 회화에서는 '~였어', '~이었어'로 해석할 수 있어요. 문장 끝에 「よ」를 붙여 강조해서 표현할 수 있습니다.

✓ **먼저 패턴에 맞게 스스로 문장을 써 보아요.**

> 일본어로 쓰는 게 막막하다면 옆 페이지를 살짝 보아요.

① 아침밥은 샌드위치였어.

✎ ~ 　　　　　　　　　だった。

あさ はん
朝ご飯 아침밥　サンドイッチ 샌드위치

② 선물은 꽃이었어.

✎

はな
プレゼント 선물　花 꽃

③ 생일은 어제였어.

✎

たんじょう び　　　きのう
誕生日 생일　昨日 어제

④ 연주는 최고였어.

✎

えんそう　　　さいこう
演奏 연주　最高 최고

⑤ 어머니는 공무원이었어.

✎

はは　　　　　　こう む いん
母 (나의) 어머니　公務員 공무원

🔍 실전회화속패턴찾기

Ⓐ 一位は誰だったの？

1위는 누구였어?

Ⓑ キムさんだったよ。

김 씨였어.

✅ 원어민 음성을 듣고 문장을 따라 써 보아요.

❶·· 아침밥은 샌드위치였어.

🎤 朝ご飯はサンドイッチだった。

❷·· 선물은 꽃이었어.

🎤 プレゼントは花だった。

❸·· 생일은 어제였어.

🎤 誕生日は昨日だった。

❹·· 연주는 최고였어.

🎤 演奏は最高だった。

❺·· 어머니는 공무원이었어.

🎤 母は公務員だった。

아이돌이 아니야

アイドルじゃない。

아이돌이 아니야.

「명사＋じゃない」 형태로 문장에서는 '〜이/가 아니다', 회화에서는 '〜이/가 아니야'로 해석할 수 있어요. 「명사＋ではない」로도 쓸 수 있는데, 「では」를 회화체로 더 축약하여 「じゃ」로 만들어 회화에서 많이 씁니다. 문장 끝에 よ를 붙여 강조하여 표현할 수 있어요.

☑ **먼저 패턴에 맞게 스스로 문장을 써 보아요.**

> 일본어로 쓰는 게 막막하다면 옆 페이지를 살짝 보아요.

① ·· 거기는 은행이 아니야.

🖉　　　　　　　じゃない。

そこ 거기　　銀行(ぎんこう) 은행

② ·· 지금은 간호사가 아니야.

🖉

今(いま) 지금　　看護師(かんごし) 간호사

③ ·· 김 씨는 사장이 아니야.

🖉

社長(しゃちょう) 사장

④ ·· 오늘은 휴일이 아니야.

🖉

今日(きょう) 오늘　　休(やす)み 휴일

⑤ ·· 그는 내 타입이 아니야.

🖉

彼(かれ) 그　　私(わたし) 나　　タイプ 타입

실전 회화 속 패턴 찾기

Ⓐ 明日、テストだよね。

내일 테스트지?

Ⓑ ううん。明日じゃないよ。あさってだよ。

아니. 내일이 아니야. 모레야.

✅ **원어민 음성을 듣고 문장을 따라 써 보아요.**

❶ 거기는 은행이 아니야.

🎤 そこは銀行じゃない。

❷ 지금은 간호사가 아니야.

🎤 今は看護師じゃない。

❸ 김 씨는 사장이 아니야.

🎤 キムさんは社長じゃない。

❹ 오늘은 휴일이 아니야.

🎤 今日は休みじゃない。

❺ 그는 내 타입이 아니야.

🎤 彼は私のタイプじゃない。

아이돌이 아니었어

アイドルじゃなかった。

아이돌이 아니었어.

「명사＋じゃなかった」 형태로 문장에서는 '〜이/가 아니었다', 회화에서는 '〜이/가 아니었어'로 해석할 수 있어요.
문장 끝에 よ를 붙여 강조하여 표현할 수 있습니다.

☑ **먼저 패턴에 맞게 스스로 문장을 써 보아요.**

> 일본어로 쓰는 게
> 막막하다면 옆 페이지를
> 살짝 보아요.

①‥ 친절한 의사가 아니었어.

🖋 _____ じゃなかった。

<ruby>親切<rt>しんせつ</rt></ruby>な 친절한　<ruby>医者<rt>いしゃ</rt></ruby> 의사

②‥ 전철은 만원이 아니었어.

🖋

<ruby>電車<rt>でんしゃ</rt></ruby> 전철　<ruby>満員<rt>まんいん</rt></ruby> 만원

③‥ 범인은 그가 아니었어.

🖋

<ruby>犯人<rt>はんにん</rt></ruby> 범인　<ruby>彼<rt>かれ</rt></ruby> 그

④‥ 11페이지는 숙제가 아니었어.

🖋

ページ 페이지　<ruby>宿題<rt>しゅくだい</rt></ruby> 숙제

⑤‥ 콘서트는 오늘 밤이 아니었어.

🖋

コンサート 콘서트　<ruby>今晩<rt>こんばん</rt></ruby> 오늘 밤

실전 회화 속 패턴 찾기

Ⓐ 昨日休みだったの？
きのう やす

어제 쉬는 날이었어?

Ⓑ ううん、休みじゃなかったよ。

아니. 쉬는 날이 아니었어.

✅ 원어민 음성을 듣고 문장을 따라 써 보아요.

❶ 친절한 의사가 아니었어.

🎤 親切な医者じゃなかった。

❷ 전철은 만원이 아니었어.

🎤 電車は満員じゃなかった。

❸ 범인은 그가 아니었어.

🎤 犯人は彼じゃなかった。

❹ 11페이지는 숙제가 아니었어.

🎤 11ページは宿題じゃなかった。

❺ 콘서트는 오늘 밤이 아니었어.

🎤 コンサートは今晩じゃなかった。

아이돌이에요

アイドルです。

아이돌이에요.

「명사＋です」 형태로 문장에서는 '〜입니다', 회화에서는 '〜예요', '〜이에요'로 해석할 수 있어요. 문장 끝에 「よ」를 붙여 강조하여 표현할 수 있습니다.

✓ **먼저 패턴에 맞게 스스로 문장을 써 보아요.**

> 일본어로 쓰는 게
> 막막하다면 옆 페이지를
> 살짝 보아요.

① 내 거예요.

🖉 　　　　　 です。

_{わたし}
私 나　사람+の 〜의 것

② 선생님 노트북이에요.

🖉

ノートパソコン 노트북

③ 오늘은 데이트예요.

🖉

_{きょう}
今日 오늘　デート 데이트

④ 다나카 씨는 학교 선배예요.

🖉

_{がっこう}　　_{せんぱい}
学校 학교　先輩 선배

⑤ 남편 분은 공무원이고, 아내 분은 변호사예요.

🖉

_{しゅじん}　　　　_{こう む いん}　　　_{おく}　　　　　_{べん ご し}
ご主人 남편 분　公務員 공무원　奥さん 아내 분　弁護士 변호사

MP3 03-09

けつえきがた　なにがた
血液型は何型ですか。

A 혈액형은 무슨 형이에요?

わたし　エーがた
私はA型です。

B 나는 A형이에요.

원어민 음성을 듣고 문장을 따라 써 보아요.　MP3 03-10

❶ 내 거예요.

🎤 私のです。

❷ 선생님 노트북이에요.

🎤 先生のノートパソコンです。

❸ 오늘은 데이트예요.

🎤 今日はデートです。

❹ 다나카 씨는 학교 선배예요.

🎤 田中さんは学校の先輩です。

❺ 남편 분은 공무원이고, 아내 분은 변호사예요.

🎤 ご主人は公務員で、奥さんは弁護士です。

아이돌이었어요

アイドルでした。

아이돌이었어요.

「명사＋でした」형태로 문장에서는 '～였습니다', '～이었습니다', 회화에서는 '～였어요', '～이었어요'로 해석할 수 있어요. 문장 끝에 「よ」를 붙여 강조하여 표현할 수 있습니다.

☑ 먼저 패턴에 맞게 스스로 문장을 써 보아요.

> 일본어로 쓰는 게 막막하다면 옆 페이지를 살짝 보아요.

① 어제는 비였어요.

✎ 　　　　　　　　　　でした。

きのう 昨日 어제　あめ 雨 비

② 나의 꿈은 연예인이었어요.

✎

わたし 私 나　ゆめ 夢 꿈　げいのうじん 芸能人 연예인

③ 호텔은 1박에 5천 엔이었어요.

✎

ホテル 호텔　いっぱく 一泊 일박　ごせんえん 五千円 5천 엔

④ 저기는 옛날에 백화점이었어요.

✎

あそこ 저기　むかし 昔 옛날　デパート 백화점

⑤ 여기는 10년 전 편의점이었어요.

✎

ここ 여기　じゅうねんまえ 十年前 10년 전　コンビニ 편의점

🔍 실전 회화 속 패턴 찾기

Ⓐ 今日のお昼は何でしたか。

오늘 점심은 뭐였어요?

Ⓑ 豚骨ラーメンでした。

돈코츠 라멘이었어요.

✅ 원어민 음성을 듣고 문장을 따라 써 보아요.

❶ 어제는 비였어요.

🎙 昨日は雨でした。

❷ 나의 꿈은 연예인이었어요.

🎙 私の夢は芸能人でした。

❸ 호텔은 1박에 5천 엔이었어요.

🎙 ホテルは一泊五千円でした。

❹ 저기는 옛날에 백화점이었어요.

🎙 あそこは昔デパートでした。

❺ 여기는 10년 전 편의점이었어요.

🎙 ここは十年前コンビニでした。

아이돌이 아니에요

アイドルじゃないです。

아이돌이 아니에요.

「명사＋じゃないです」 형태로 문장에서는 '〜이/가 아닙니다', 회화에서는 '〜이/가 아니에요'로 해석할 수 있어요. 「명사＋じゃありません」을 써도 됩니다. 〜じゃありません이 더 딱딱한 느낌이 들어요. 문장 끝에 「よ」를 붙여 강조하여 표현할 수 있습니다.

✅ **먼저 패턴에 맞게 스스로 문장을 써 보아요.**

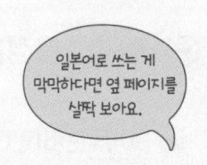
일본어로 쓰는 게 막막하다면 옆 페이지를 살짝 보아요.

① 여기는 입구가 아니에요.

> ✎   じゃないです。

ここ 여기 　入口 입구

② 교과서는 이 책이 아니에요.

> ✎

教科書 교과서 　この 이 　本 책

③ 오늘은 수요일이 아니에요.

> ✎

今日 오늘 　水曜日 수요일

④ 은행은 거기가 아니에요.

> ✎

銀行 은행 　そこ 거기

⑤ 나는 일본인이 아니에요.

> ✎

私 나 　日本人 일본인

🔍 실전 회화 속 패턴 찾기

> Ⓐ 試合は2時からですか。
>   しあい　じ
>
> 시합은 2시부터예요?
>
>
> Ⓑ いいえ、 2時からじゃないです。 3時からです。
>
> 아니요. 2시부터가 아니에요. 3시부터예요.

☑️ **원어민 음성을 듣고 문장을 따라 써 보아요.**

❶ ‥ 여기는 입구가 아니에요.

🎤 ここは入口じゃないです。

❷ ‥ 교과서는 이 책이 아니에요.

🎤 教科書はこの本じゃないです。

❸ ‥ 오늘은 수요일이 아니에요.

🎤 今日は水曜日じゃないです。

❹ ‥ 은행은 거기가 아니에요.

🎤 銀行はそこじゃないです。

❺ ‥ 나는 일본인이 아니에요.

🎤 私は日本人じゃないです。

아이돌이 아니었어요

アイドルじゃなかったです。

아이돌이 아니었어요.

「명사＋じゃなかったです」 형태로 문장에서는 '〜이/가 아니었습니다', 회화에서는 '〜이/가 아니었어요'로 해석할 수 있어요. 「명사＋じゃありませんでした」를 써도 됩니다. 〜じゃありませんでした가 더 딱딱한 느낌이 들어요. 문장 끝에 「よ」를 붙여 강조하여 표현할 수 있습니다.

☑ 먼저 패턴에 맞게 스스로 문장을 써 보아요.

> 일본어로 쓰는 게 막막하다면 옆 페이지를 살짝 보아요.

① 약속은 4시가 아니었어요.

✏ _____ じゃなかったです。

約束 약속

② 오늘은 알바가 아니었어요.

✏ _____

今日 오늘　バイト 알바

③ 오늘은 월급날이 아니었어요.

✏ _____

給料日 월급날

④ 두 사람은 형제가 아니었어요.

✏ _____

二人 두 사람　兄弟 형제

⑤ 그녀는 인기 있는 연예인이 아니었어요.

✏ _____

彼女 그녀　人気ある 인기 있다　芸能人 연예인

Ⓐ 待ち合わせは銀座駅だったんですか。

약속 장소는 긴자역이었어요?

Ⓑ いいえ、銀座駅じゃなかったですよ。新宿駅でした。

아니요. 긴자역이 아니었어요. 신주쿠역이었어요.

✅ **원어민 음성을 듣고 문장을 따라 써 보아요.**　

❶ ‥ 약속은 4시가 아니었어요.

🎤 約束は4時じゃなかったです。

❷ ‥ 오늘은 알바가 아니었어요.

🎤 今日はバイトじゃなかったです。

❸ ‥ 오늘은 월급날이 아니었어요.

🎤 今日は給料日じゃなかったです。

❹ ‥ 두 사람은 형제가 아니었어요.

🎤 二人は兄弟じゃなかったです。

❺ ‥ 그녀는 인기 있는 연예인이 아니었어요.

🎤 彼女は人気ある芸能人じゃなかったです。

자연스럽게 말하는 나

더 이상 단어만 말하지 않아요!

빈칸을 채워보세요.

だいがく さんねん せい
大学三年生_____。

대학교 3학년이야.

えん そう   さい こう
演奏は最高_____。

연주는 최고였어.

きょう
今日はデート_____。

오늘은 데이트예요.

いり ぐち
ここは入口_____。

여기는 입구가 아니에요.

•명사 패턴•

총정리

①	아이돌이야	アイドルだ
②	아이돌이었어	アイドルだった
③	아이돌이 아니야	アイドルじゃない
④	아이돌이 아니었어	アイドルじゃなかった
⑤	아이돌이에요	アイドルです
⑥	아이돌이었어요	アイドルでした
⑦	아이돌이 아니에요	アイドルじゃないです
⑧	아이돌이 아니었어요	アイドルじゃなかったです

MP3 03-17

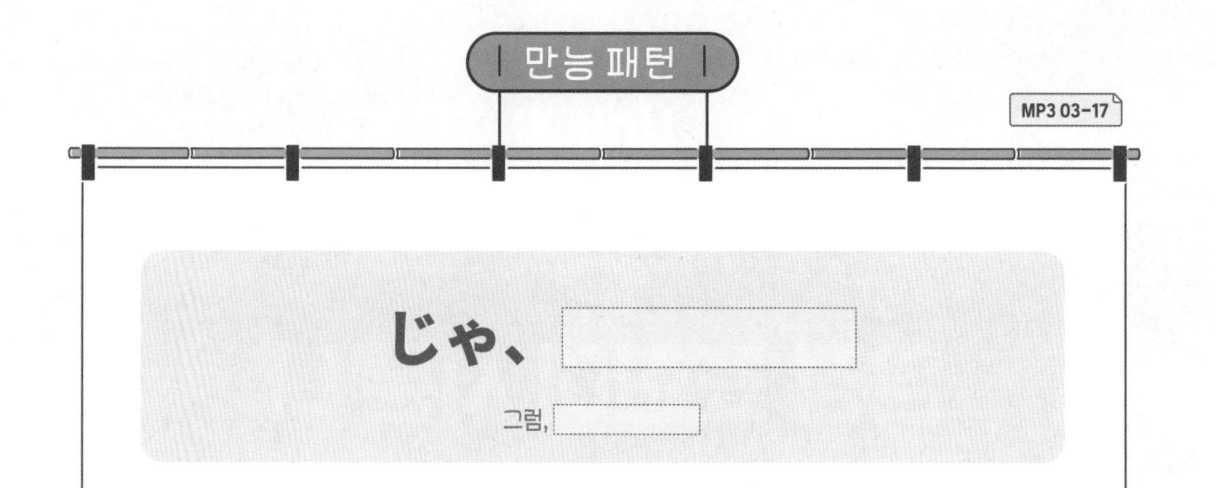

じゃ、[   ]
그럼, [   ]

じゃ、またね。

그럼, 또 봐.

じゃ、また明日。

그럼, 내일 봐.

じゃ、また来週。

그럼, 다음 주에 봐.

じゃ、また今度。

그럼, 다음에 또 봐.

じゃ、ここでお別れですね。

그럼, 여기서 헤어져요.

장소를 정리하거나, 다음을 기약할 때 「じゃ」(그럼)는 만능 패턴이에요. 갑작스럽게 '여기서 끝냅시다', '마무리합시다'라고 말할 수는 없잖아요. 부드럽게 대화를 마무리하기 위한 좋은 표현이에요.

만점 표정이 사는 나라

 그림1

Unit 4

표현이 서툰 당신에겐

い형용사 패턴
처방전

문법 💊💊💊💊💊

새로움 💊💊

연기력 💊

인내심 💊💊

감정 표현 참 쉽지 않죠? 한국어로는 표현을 잘하시는지 궁금해요. 한국어로 다양하게 잘하는 사람이 일본어로도 잘할 수 있다고 생각하거든요. 만약 한국어도 표현이 서툴다면 이 연기력 가루약이 도움이 될 거예요. 자~ 먼저 한국어부터 시작입니다.

"와~ 이렇게 맛있는 음식은 처음이에요", "평범한 일상이 감사하고 행복해요" 감정을 마구 이야기해 주세요. 그런 다음 일본어로도 이야기하려고 노력해 보세요. 말을 할 때 아직 한국어 → 일본어의 순서를 가지고 있기에 한국어로 먼저 다양하게 생각해 보는 연습이 필요합니다. 그리고 기억하세요. '익숙함에서 이젠 벗어나겠다!' 새로움 물약을 마시고 이제 새로운 것을 추구하는 사람으로 태어나는 거죠. 새로운 것을 찾으려고 노력할 때, 말해 보려고 자꾸만 본능을 거스를 때 다양한 감정 표현을 하게 될 거예요. 이번 파트에서는 い형용사 패턴을 꼼꼼히 배우면서 세련된 감정 표현을 만들어 가길 바랄게요.

쉬워

<ruby>日本語<rt>に ほん ご</rt></ruby>は<ruby>易<rt>やさ</rt></ruby>しい。

일본어는 쉬워.

일본어 형용사는 ~い로 끝나는 い형용사와 ~な로 끝나는 な형용사로 구성되어 있어요. おいしい(맛있는) + りんご(사과)처럼 い형용사 뒤에 명사가 올 수도 있고,「~おいしい」처럼 문장에서는 '~맛있다', 회화에서는 '~맛있어'로 올 수도 있어요.

☑ **먼저 패턴에 맞게 스스로 문장을 써 보아요.**

> 일본어로 쓰는 게 막막하다면 옆 페이지를 살짝 보아요.

① 이 라멘 집은 맛있어.

✏ 　　　　　はおいしい。

この 이　ラーメン屋 라멘 집　おいしい 맛있다

② 역에서 가까워.

✏

駅 역　~から ~로부터, ~에서　近い 가깝다

③ 그녀는 밝은 사람이에요.

✏

彼女 그녀　明るい 밝다　人 사람　~です ~입니다

④ 선배, 멋있어.

✏

先輩 선배　かっこいい 멋있다

⑤ 배가 아파서 화장실에 갔어요.

✏

お腹 배　痛くて 아파서　トイレ 화장실　行きました 갔습니다

72

🔍 실전회화 속 패턴찾기

Ⓐ 今日は早いね。

오늘은 일찍 왔네?

Ⓑ うん、会議の準備でね。

응. 회의 준비때문에. (일찍 왔어)

☑ 원어민 음성을 듣고 문장을 따라 써 보아요.

❶·· 이 라멘 집은 맛있어.

🎤 このラーメン屋はおいしい。

❷·· 역에서 가까워.

🎤 駅から近い。

❸·· 그녀는 밝은 사람이에요.

🎤 彼女は明るい人です。

❹·· 선배, 멋있어.

🎤 先輩、かっこいい。

❺·· 배가 아파서 화장실에 갔어요.

🎤 お腹が痛くてトイレへ行きました。

쉬웠어

日本語は易しかった。
にほんご　　やさ

일본어는 쉬웠어.

い로 끝나는 걸 い형용사라고 했죠? い형용사의 い를 떼고 「～かった」를 붙이면 반말체 과거형이 됩니다. 문장에서는 '～했다', 회화에서는 '～했어'로 해석할 수 있어요.

✅ **먼저 패턴에 맞게 스스로 문장을 써 보아요.**

> 일본어로 쓰는 게 막막하다면 옆 페이지를 살짝 보아요.

①‥ 테스트는 어려웠어.

🖊 　　　　は難しかった。

テスト 테스트　難しい 어렵다
むずか

②‥ 어제는 더웠어.

🖊

昨日 어제　暑い 덥다
きのう　　あつ

③‥ 오늘은 굉장히 바빴어.

🖊

今日 오늘　すごく 굉장히　忙しい 바쁘다
きょう　　　　　　　いそが

④‥ 새 옷은 가벼웠어.

🖊

新しい 새롭다　服 옷　軽い 가볍다
あたら　　　　ふく　　かる

⑤‥ 그녀는 상냥했어.

🖊

彼女 그녀　優しい 상냥하다
かのじょ　　やさ

Ⓐ ごめん、私が悪かった。

미안, 내가 나빴어.

Ⓑ もう大丈夫だよ。

이제 괜찮아.

☑️ **원어민 음성을 듣고 문장을 따라 써 보아요.**　MP3 04-04

❶ ·· 테스트는 어려웠어.

🎤 テストは難しかった。

❷ ·· 어제는 더웠어.

🎤 昨日は暑かった。

❸ ·· 오늘은 굉장히 바빴어.

🎤 今日はすごく忙しかった。

❹ ·· 새 옷은 가벼웠어.

🎤 新しい服は軽かった。

❺ ·· 그녀는 상냥했어.

🎤 彼女は優しかった。

안 쉬워

<ruby>日<rt>に</rt></ruby><ruby>本<rt>ほん</rt></ruby><ruby>語<rt>ご</rt></ruby>は<ruby>易<rt>やさ</rt></ruby>しくない。

일본어는 안 쉬워.

い형용사의 い를 떼고 「～くない」를 붙이면 반말체 부정형이 돼요. ～くない는 '～지 않다' 즉, 문장에서는 '안 ～하다', 회화에서는 '안 ～해'로 해석할 수 있어요.

☑️ **먼저 패턴에 맞게 스스로 문장을 써 보아요.**

> 일본어로 쓰는 게 막막하다면 옆 페이지를 살짝 보아요.

① ·· 오늘은 안 추워.

✏️　　　　は寒くない。

<ruby>今日<rt>きょう</rt></ruby> 오늘　<ruby>寒<rt>さむ</rt></ruby>い 춥다

② ·· 역에서 안 멀어.

✏️

<ruby>駅<rt>えき</rt></ruby> 역　<ruby>遠<rt>とお</rt></ruby>い 멀다

③ ·· 이 노트는 안 얇아.

✏️

この 이　ノート 노트　<ruby>薄<rt>うす</rt></ruby>い 얇다

④ ·· 밖은 안 밝아.

✏️

<ruby>外<rt>そと</rt></ruby> 밖　<ruby>明<rt>あか</rt></ruby>るい 밝다

⑤ ·· 담배는 몸에 안 좋아.

✏️

タバコ 담배　<ruby>体<rt>からだ</rt></ruby> 몸　よくない 좋지 않다

🔍 실전 회화 속 패턴 찾기

Ⓐ 学校から家は近いの？

학교에서 집은 가까워?

Ⓑ ううん、近くないよ。1時間半だよ。

아니. 안 가까워. 1시간 반이야.

☑️ **원어민 음성을 듣고 문장을 따라 써 보아요.**

① 오늘은 안 추워.

🎤 今日は寒くない。

② 역에서 안 멀어.

🎤 駅から遠くない。

③ 이 노트는 안 얇아.

🎤 このノートは薄くない。

④ 밖은 안 밝아.

🎤 外は明るくない。

⑤ 담배는 몸에 안 좋아.

🎤 タバコは体によくない。

안 쉬웠어

<ruby>日本語<rt>に ほん ご</rt></ruby>は<ruby>易<rt>やさ</rt></ruby>しくなかった。

일본어는 안 쉬웠어.

い형용사의 い를 떼고 「～くなかった」를 붙이면 반말체 과거 부정형이 돼요. '～지 않았다' 즉, 문장에서는 '안 ～했다', 회화에서는 '안 ～했어'로 해석할 수 있어요.

✅ **먼저 패턴에 맞게 스스로 문장을 써 보아요.**

> 일본어로 쓰는 게 막막하다면 옆 페이지를 살짝 보아요.

① 바다는 안 가까웠어.

🖉 　　　　は近くなかった。

<ruby>海<rt>うみ</rt></ruby> 바다　<ruby>近<rt>ちか</rt></ruby>い 가깝다

② 그 일은 안 바빴어.

🖉

その그　<ruby>仕事<rt>し ごと</rt></ruby>일　<ruby>忙<rt>いそが</rt></ruby>しい 바쁘다

③ 기념품 종류는 안 적었어.

🖉

<ruby>お土産<rt>み やげ</rt></ruby> 기념품　<ruby>種類<rt>しゅ るい</rt></ruby> 종류　<ruby>少<rt>すく</rt></ruby>ない 적다

④ 레스토랑은 안 비쌌어.

🖉

レストラン 레스토랑　<ruby>高<rt>たか</rt></ruby>い 비싸다

⑤ 어제는 몸 상태가 안 좋았어.

🖉

<ruby>昨日<rt>きのう</rt></ruby> 어제　<ruby>体<rt>からだ</rt></ruby> 몸　<ruby>調子<rt>ちょう し</rt></ruby> 상태　よくなかった 좋지 않았다

Ⓐ **中国語の発音、易しかった？**
ちゅうごく ご　はつおん　やさ

중국어 발음 쉬웠어?

Ⓑ **ううん、易しくなかったよ。**

아니. 안 쉬웠어.

✅ **원어민 음성을 듣고 문장을 따라 써 보아요.**

❶ ‥ 바다는 안 가까웠어.

🎙 海は近くなかった。

❷ ‥ 그 일은 안 바빴어.

🎙 その仕事は忙しくなかった。

❸ ‥ 기념품 종류는 안 적었어.

🎙 お土産の種類は少なくなかった。

❹ ‥ 레스토랑은 안 비쌌어.

🎙 レストランは高くなかった。

❺ ‥ 어제는 몸 상태가 안 좋았어.

🎙 昨日は体の調子がよくなかった。

쉬워요

日本語は易しいです。
に　ほん　ご　　　やさ

일본어는 쉬워요.

い형용사 뒤에 「～です」를 붙이면 정중체가 됩니다. 문장에서는 '～합니다', 회화에서는 '～해요'로 해석할 수 있어요.

✅ **먼저 패턴에 맞게 스스로 문장을 써 보아요.**

> 일본어로 쓰는 게
> 막막하다면 옆 페이지를
> 살짝 보아요.

① 새 집은 밝고 넓어요.

✏️　　　　　　　広いです。

新しい 새롭다　家 집　明るい 밝다　～くて ～하고　広い 넓다
あたら　　　　　いえ　　　あか　　　　　　　　　　ひろ

② 일본어는 재밌어요.

✏️

日本語 일본어　面白い 재있다
にほんご　　　　おもしろ

③ 감기로 목이 아파요.

✏️

風邪 감기　～で ~로, ~때문에　喉 목　痛い 아프다
か ぜ　　　　　　　　　　　　　のど　　痛い 아프다
　　　　　　　　　　　　　　　　　　　いた

④ 수학은 어려워요.

✏️

数学 수학　難しい 어렵다
すうがく　　　むずか

⑤ 가격은 싸요.

✏️

値段 가격　安い 싸다
ね だん　　　やす

80

Ⓐ 田中_{たなか}さん、顔色_{かおいろ}が悪_{わる}いですね。

다나카 씨, 안색이 안 좋네요.

Ⓑ ええ、朝_{あさ}から調子_{ちょうし}が悪_{わる}いんです。

네. 아침부터 컨디션이 나빠요.

✅ **원어민 음성을 듣고 문장을 따라 써 보아요.**　MP3 04-10

❶·· 새 집은 밝고 넓어요.

🎤 新しい家は明るくて広いです。

❷·· 일본어는 재밌어요.

🎤 日本語は面白いです。

❸·· 감기로 목이 아파요.

🎤 風邪で喉が痛いです。

❹·· 수학은 어려워요.

🎤 数学は難しいです。

❺·· 가격은 싸요.

🎤 値段は安いです。

쉬웠어요

<ruby>日<rt>に</rt></ruby><ruby>本<rt>ほん</rt></ruby><ruby>語<rt>ご</rt></ruby>は<ruby>易<rt>やさ</rt></ruby>しかったです。

일본어는 쉬웠어요.

い형용사의 い를 떼고 「〜かったです」를 붙이면 정중체 과거형이 돼요. 문장에서는 '〜했습니다', 회화에서는 '〜했어요'로 해석할 수 있어요.

✅ 먼저 패턴에 맞게 스스로 문장을 써 보아요.

> 일본어로 쓰는 게
> 막막하다면 옆 페이지를
> 살짝 보아요.

① 영화는 재밌었어요.

🖊 　　　　　は面白かったです。

<ruby>映画<rt>えいが</rt></ruby> 영화　<ruby>面白<rt>おもしろ</rt></ruby>い 재밌다

② 인터넷 속도가 느렸어요.

🖊

インターネット 인터넷　スピード 속도　<ruby>遅<rt>おそ</rt></ruby>い 느리다

③ 해외여행은 즐거웠어요.

🖊

<ruby>海外旅行<rt>かいがいりょこう</rt></ruby> 해외여행　<ruby>楽<rt>たの</rt></ruby>しい 즐겁다

④ 주사는 아팠어요.

🖊

<ruby>注射<rt>ちゅうしゃ</rt></ruby> 주사　<ruby>痛<rt>いた</rt></ruby>い 아프다

⑤ 어릴 땐 몸이 약했어요.

🖊

<ruby>子供<rt>こども</rt></ruby>のころ 어릴 때　<ruby>体<rt>からだ</rt></ruby> 몸　<ruby>弱<rt>よわ</rt></ruby>い 약하다

🔍 실전 회화 속 패턴 찾기

Ⓐ バイキング、おいしかったですね。

뷔페 맛있었죠?

Ⓑ ええ、でも、ちょっと高<ruby>高<rt>たか</rt></ruby>かったですね。

네. 하지만 조금 비쌌죠.

☑️ **원어민 음성을 듣고 문장을 따라 써 보아요.**

❶ 영화는 재밌었어요.

🎤 映画は面白かったです。

❷ 인터넷 속도가 느렸어요.

🎤 インターネットのスピードが遅かったです。

❸ 해외여행은 즐거웠어요.

🎤 海外旅行は楽しかったです。

❹ 주사는 아팠어요.

🎤 注射は痛かったです。

❺ 어릴 땐 몸이 약했어요.

🎤 子供のころは体が弱かったです。

안 쉬워요

_{に ほん ご} _{やさ}
日本語は易しくないです。

일본어는 안 쉬워요.

い형용사의 い를 떼고 「～くないです」를 붙이면 정중체 부정형이 돼요. 문장에서는 '～지 않습니다' 즉 '안 ～합니다',
회화에서는 '안 ～해요'로 해석할 수 있어요. 「～くありません」으로도 나타낼 수 있는데 ～くないです에 비해 더 딱
딱한 느낌이 들어요.

☑ 먼저 패턴에 맞게 스스로 문장을 써 보아요.

일본어로 쓰는 게
막막하다면 옆 페이지를
살짝 보아요.

① ·· 이 김치는 안 매워요.

✎   は辛くないです。

 _{から}
この 이 　キムチ 김치　辛い 맵다

② ·· 인생은 안 길어요.

✎

_{じんせい} _{なが}
人生 인생　長い 길다

③ ·· 여동생은 전혀 안 귀여워요.

✎

_{いもうと} _{ぜんぜん}
妹 (나의) 여동생　全然 전혀　かわいい 귀엽다

④ ·· 가격은 안 싸요.

✎

_{ね だん} _{やす}
値段 가격　安い 싸다

⑤ ·· 오늘은 안 추워요.

✎

_{きょう} _{さむ}
今日 오늘　寒い 춥다

실전 회화 속 패턴 찾기

Ⓐ そのクッキー、甘(あま)いですか。

그 쿠키 달아요?

Ⓑ いいえ、そんなに甘くないです。

아니요. 그렇게 안 달아요.

원어민 음성을 듣고 문장을 따라 써 보아요.

❶ ‥ 이 김치는 안 매워요.

🎤 このキムチは辛くないです。

❷ ‥ 인생은 안 길어요.

🎤 人生は長くないです。

❸ ‥ 여동생은 전혀 안 귀여워요.

🎤 妹は全然かわいくないです。

❹ ‥ 가격은 안 싸요.

🎤 値段は安くないです。

❺ ‥ 오늘은 안 추워요.

🎤 今日は寒くないです。

안 쉬웠어요

に ほん ご　　やさ
日本語は易しくなかったです。

일본어는 안 쉬웠어요.

い형용사의 い를 떼고 「～くなかったです」를 붙이면 정중체 과거 부정형이 돼요. 문장에서는 '～지 않았습니다' 즉 '안 ～했습니다', 회화에서는 '안 ～했어요'로 해석할 수 있어요. 「～くありませんでした」로도 나타낼 수 있는데 ～くなかったです에 비해 더 딱딱한 느낌이 들어요.

☑ **먼저 패턴에 맞게 스스로 문장을 써 보아요.**

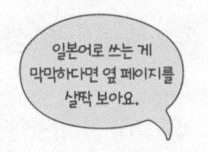
일본어로 쓰는 게 막막하다면 옆 페이지를 살짝 보아요.

① 일본 요리는 안 매웠어요.

✏ 　　　　　は辛くなかったです。

にほんりょうり　　　　　から
日本料理 일본 요리　辛い 맵다

② 케이크는 안 달았어요.

✏

あま
ケーキ 케이크　甘い 달다

③ 옆 방은 안 시끄러웠어요.

✏

となり　　　　　　へ や
隣 옆, 이웃　部屋 방　うるさい 시끄럽다

④ 마라톤 참가자는 안 많았어요.

✏

さん か しゃ　　　　　おお
マラソン 마라톤　参加者 참가자　多い 많다

⑤ 올 봄은 별로 안 따뜻했어요.

✏

こ とし　　　はる　　　　　　　　　　あたた
今年 올해　春 봄　あまり 별로, 그다지　暖かい 따뜻하다

Ⓐ 昨日は忙しかったですか。

어제는 바빴어요?

Ⓑ いいえ、あまり忙しくなかったです。

아니요. 별로 안 바빴어요.

☑ 원어민 음성을 듣고 문장을 따라 써 보아요.

❶ 일본 요리는 안 매웠어요.

🎤 日本料理は辛くなかったです。

❷ 케이크는 안 달았어요.

🎤 ケーキは甘くなかったです。

❸ 옆 방은 안 시끄러웠어요.

🎤 隣の部屋はうるさくなかったです。

❹ 마라톤 참가자는 안 많았어요.

🎤 マラソンの参加者は多くなかったです。

❺ 올 봄은 별로 안 따뜻했어요.

🎤 今年の春はあまり暖かくなかったです。

감정 표현에 자신감이 생겼어요.

빈칸을 채워보세요.

先輩、＿＿＿＿＿＿＿。
せんぱい
선배, 멋있어.

テストは＿＿＿＿＿＿＿。
시험은 어려웠어.

日本語は
にほんご
＿＿＿＿＿＿＿＿＿＿＿。
일본어는 재밌어요.

このキムチは
＿＿＿＿＿＿＿＿＿＿＿＿＿。
이 김치는 안 매워요.

•い형용사 패턴•

총정리

①	쉬워	易しい (やさ)
②	쉬웠어	易しかった
③	안 쉬워	易しくない
④	안 쉬웠어	易しくなかった
⑤	쉬워요	易しいです
⑥	쉬웠어요	易しかったです
⑦	안 쉬워요	易しくないです
⑧	안 쉬웠어요	易しくなかったです

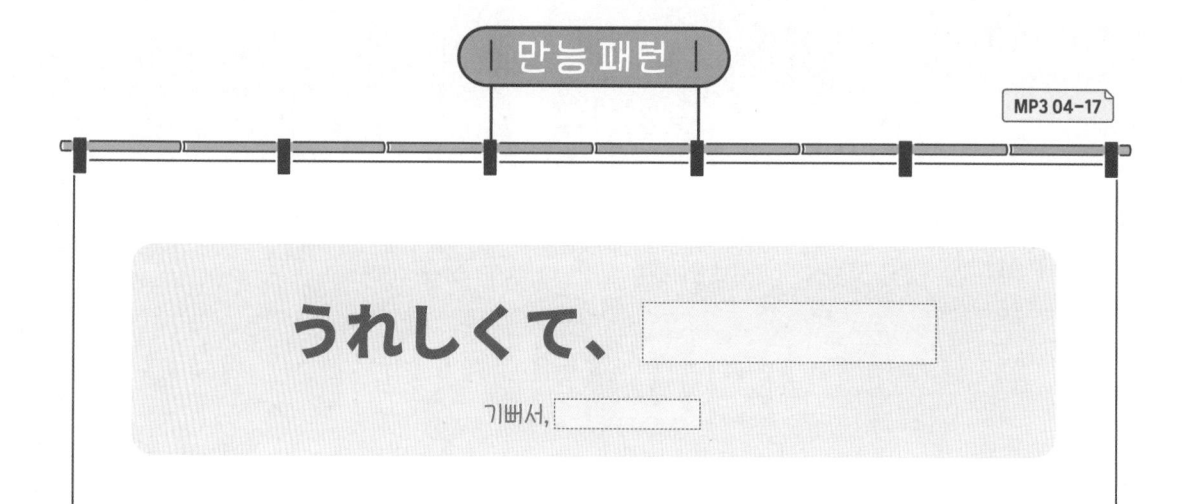

うれしくて、[____]

기뻐서, [____]

うれしくて、涙が出てきそうです。

기뻐서, 눈물이 날 것 같아요.

うれしくて、言葉が出ません。

기뻐서, 말이 안 나와요.

うれしくて、飛び上がるほどです。

기뻐서, 뛰어오를 정도예요.

うれしくて、胸がわくわくします。

기뻐서, 가슴이 두근거려요.

うれしくて、気が狂いそうです。

기뻐서, 미칠 것 같아요.

「うれしい」(기뻐), 「うれしいです」(기뻐요)와 같이 간단하게 감정을 표현할 수 있지만, 그렇게 된다면 우리의 회화가 너무 단조로워지고 심심하잖아요. 좀 더 감정을 풍부하고 자신감 있게 말해 봐요. うれしくて 뒤에 더욱 풍성해진 자신의 감정을 덧붙여 봅시다.

Unit 5

고민

회화만 할 건데
한자가 필요한가요?

한자가 싫은 당신에겐
な형용사 패턴
처방전

한자 사랑하기 💊💊💊💊💊💊

정면 돌파 💊💊💊💊

인내심 ⚗️⚗️

노력 🥤🥤🥤

한자에서 벗어나는 방법, 저도 알고 싶네요^^ 한자!! 정말 하기 싫고 가능하다면 영원히 안 하고 싶은 그 마음 충분히 이해합니다. 선생님도 일본어 공부할 때 가장 힘들었던 부분이 한자 암기였고, 이것 때문에 포기하고 싶은 적도 있었어요. 하지만 꼭 기억해 주세요! 한자 때문에 일본어 초급 인생만 사는 수많은 학습자가 있어요. 바꾸어 말하면 한자만 정복하면 남보다 앞설 수 있고, 수많은 경쟁자를 무찌를 수 있어요. 이제부터 한자를 만날 때마다 경쟁자들을 무찌를 좋은 기회라 생각하고 '야호'를 외쳐 주세요.

언제까지 한자 때문에 스트레스받고 피해만 다닐 건가요. 죄인도 아니잖아요. 정면 돌파해야 합니다. 한자는 순둥이들의 공부에요. 누구나 착실하게 엉덩이 힘으로 한다면 한자의 벽을 꼭 넘을 수 있습니다. 이번 な형용사 패턴에는 유독 한자가 많아요. な형용사 패턴을 하나씩 익히면서 한자를 사랑 가득한 눈빛으로 바라봐 주세요. 그게 시작이에요. 자주 보고 또 손으로도 써 보면서 노력해 주길 바래요.

친절해

かのじょ　　しんせつ
彼女は親切。

그녀는 친절해.

일본어 형용사는 ～い로 끝나는 い형용사와 ～な로 끝나는 な형용사로 구성되어 있어요. 親切な(친절한) + 先生(선생님)처럼 な형용사 뒤에 명사가 올 수도 있고,「親切だ」(친절하다)처럼 문장이 끝날 수도 있어요. 그리고 な형용사의 경우는 회화체에서 だ를 떼고 親切(친절해), 好き(좋아해), 上手(잘해) 등으로도 사용할 수 있습니다.

✅ **먼저 패턴에 맞게 스스로 문장을 써 보아요.**

> 일본어로 쓰는 게
> 막막하다면 옆 페이지를
> 살짝 보아요.

① 그는 성실해.

🖊 　　　　は真面目。

かれ　　まじめ
彼 그　真面目だ 성실하다

② 김 씨는 일본어를 잘해.

🖊

にほんご　　　　　　じょうず
日本語 일본어　～が上手だ ～을/를 잘하다

③ 나는 채소를 매우 싫어해.

🖊

ぼく　　やさい　　　だいきら
僕 나　野菜 채소　大嫌いだ 매우 싫어하다

④ 여기는 교통이 편리하다.

🖊

こうつう　　べんり
ここ 여기　交通 교통　便利だ 편리하다

⑤ 조용한 도서관이네요.

🖊

しず　　　　　としょかん
静かな 조용한　図書館 도서관　ね 종조사(확인, 동의)

Ⓐ **わあ~! きれい~!**

와~! 예뻐~!

ほんとう
Ⓑ **本当だ。きれいだね。**

정말이다. 예쁘네.

✅ **원어민 음성을 듣고 문장을 따라 써 보아요.** MP3 05-02

❶·· 그는 성실해.

🎤 彼は真面目。

❷·· 김 씨는 일본어를 잘해.

🎤 キムさんは日本語が上手。

❸·· 나는 채소를 매우 싫어해.

🎤 僕は野菜が大嫌い。

❹·· 여기는 교통이 편리하다.

🎤 ここは交通が便利だ。

❺·· 조용한 도서관이네요.

🎤 静かな図書館ですね。

친절했어

_{かの じょ} _{しん せつ}
彼女は親切だった。

그녀는 친절했어.

な(~한), だ(~하다)로 끝나는 것이 な형용사라고 했죠? な형용사의 な(だ)를 떼고 「だった」를 붙이면 반말체 과거형이 됩니다. 「~だった」는 문장에서 '~했다', 회화에서는 '~했어'로 해석할 수 있어요.

✅ **먼저 패턴에 맞게 스스로 문장을 써 보아요.**

> 일본어로 쓰는 게 막막하다면 옆 페이지를 살짝 보아요.

① - 테스트는 간단했어.

✏️ _____ は簡単だった。

テスト 테스트　 _{かんたん}簡単だ 간단하다

② - 채소는 신선했어.

✏️

_{や さい}野菜 채소　 _{しんせん}新鮮だ 신선하다

③ - 영어는 자신 없었어.

✏️

_{えい ご}英語 영어　 _{にがて}苦手だ 서툴다, 자신없다

④ - 오늘은 정말로 힘들었어.

✏️

_{きょう}今日 오늘　 _{ほんとう}本当に 정말로　 _{たいへん}大変だ 힘들다

⑤ - 오랜만, 잘 지내?

✏️

おひさしぶり 오랜만　 _{げん き}元気だ 건강하다, 잘 지내다

🔍 실전 회화 속 패턴 찾기

Ⓐ あの店、日本語で大丈夫だった？

저 가게, 일본어로 괜찮았어?

Ⓑ いや、日本語が通じなくて大変だったよ。

아니, 일본어가 안 통해서 힘들었어.

✅ **원어민 음성을 듣고 문장을 따라 써 보아요.**

❶ ·· 테스트는 간단했어.

🎤 テストは簡単だった。

❷ ·· 채소는 신선했어.

🎤 野菜は新鮮だった。

❸ ·· 영어는 자신 없었어.

🎤 英語は苦手だった。

❹ ·· 오늘은 정말로 힘들었어.

🎤 今日は本当に大変だった。

❺ ·· 오랜만, 잘 지내?

🎤 おひさしぶり、元気だった？

안 친절해

かのじょ　しんせつ
彼女は親切じゃない。

그녀는 안 친절해.

な형용사의 な(だ)를 떼고 「〜じゃない」를 붙이면 반말체 부정형이 돼요. 문장에서는 '〜지 않다' 즉 '안 〜하다', 회화에서는 '안 〜해'로 해석할 수 있어요.

☑️ **먼저 패턴에 맞게 스스로 문장을 써 보아요.**

> 일본어로 쓰는 게
> 막막하다면 옆 페이지를
> 살짝 보아요.

① 여기 안 조용해.

✎　　　静かじゃない。

ここ 여기　静(しず)かだ 조용하다

② 여권은 안 필요해.

✎

パスポート 여권　必要(ひつよう)だ 필요하다

③ 우산은 안 튼튼해.

✎

傘(かさ) 우산　丈夫(じょうぶ)だ 튼튼하다

④ 그 옷 안 이상해.

✎

そのグ 그　服(ふく) 옷　変(へん)だ 이상하다

⑤ 오토바이는 안전하지 않아.

✎

バイク 오토바이　安全(あんぜん)だ 안전하다

Ⓐ この洗濯機、便利？
せんたくき　べんり

이 세탁기 편리해?

Ⓑ ううん、便利じゃない。不便だよ。
ふべん

아니. 편리하지 않아. 불편해.

✅ 원어민 음성을 듣고 문장을 따라 써 보아요.

MP3 05-06

❶ ·· 여기 안 조용해.

🎤 ここ、静かじゃない。

❷ ·· 여권은 안 필요해.

🎤 パスポートは必要じゃない。

❸ ·· 우산은 안 튼튼해.

🎤 傘は丈夫じゃない。

❹ ·· 그 옷 안 이상해.

🎤 その服、変じゃない。

❺ ·· 오토바이는 안전하지 않아.

🎤 バイクは安全じゃない。

안 친절했어

かのじょ　しんせつ
彼女は親切じゃなかった。

그녀는 안 친절했어.

な형용사의 な(だ)를 떼고 「じゃなかった」를 붙이면 반말체 과거 부정형이 돼요. 문장에서는 '~지 않았다' 즉, '안 ~했다', 회화에서는 '안 ~했어'로 해석할 수 있어요. ~ではなかった보다 ~じゃなかった가 회화체 느낌이 강해요.

☑ 먼저 패턴에 맞게 스스로 문장을 써 보아요.

> 일본어로 쓰는 게 막막하다면 옆 페이지를 살짝 보아요.

① 방은 안 깨끗했어.

🖊 　　　はきれいじゃなかった。

へや
部屋 방　きれいだ 깨끗하다

② 여행 준비는 안 힘들었어.

🖊

りょこう　　じゅんび　　たいへん
旅行 여행　準備 준비　大変だ 힘들다

③ 화장실 청소는 안 싫었어.

🖊

そうじ　　いや
トイレ 화장실　掃除 청소　嫌だ 싫다

④ 그 가수, 전에는 안 날씬했어.

🖊

かしゅ　　まえ
歌手 가수　前は 전에는　スリムだ 날씬하다　よ 종조사(강조)

⑤ 그 아이의 태도는 고분고분하지 않았어.

🖊

こ　　たいど　　すなお
その子 아이　態度 태도　素直だ 고분고분하다

Ⓐ ずっと犬が好きだったの？

쭉 개를 좋아했어?

Ⓑ ううん、前はあまり好きじゃなかった。

아니. 전에는 별로 안 좋아했어.

✅ 원어민 음성을 듣고 문장을 따라 써 보아요.　MP3 05-08

❶ 방은 안 깨끗했어.

🎤 部屋はきれいじゃなかった。

❷ 여행 준비는 안 힘들었어.

🎤 旅行の準備は大変じゃなかった。

❸ 화장실 청소는 안 싫었어.

🎤 トイレの掃除は嫌じゃなかった。

❹ 그 가수, 전에는 안 날씬했어.

🎤 その歌手、前はスリムじゃなかったよ。

❺ 그 아이의 태도는 고분고분하지 않았어.

🎤 その子の態度は素直じゃなかった。

친절해요

かの じょ　　しん せつ
彼女は親切です。

그녀는 친절해요.

な형용사의 な(だ)를 떼고 「です」를 붙이면 정중체가 됩니다. 문장에서는 '~합니다', 회화에서는 '~해요'로 해석할 수 있어요.

☑ **먼저 패턴에 맞게 스스로 문장을 써 보아요.**

> 일본어로 쓰는 게 막막하다면 옆 페이지를 살짝 보아요.

①·· 생선이 신선해요.

✎　　　が新鮮です。

さかな　　　　しんせん
魚 생선　　新鮮だ 신선하다

②·· 나는 행복해요.

✎

わたし　　　しあわ
私 나　　幸せだ 행복하다

③·· 남 앞에서 말하는 것을 못해요.

✎

ひとまえ　　　　　　　　　　　　　　　はな　　　　　　　にがて
人前 남 앞　 ~で ~에서　 話す 이야기하다　 ~が苦手だ ~을/를 못하다, 서툴다

④·· 선생님은 미역국을 너무 좋아해요.

✎

せんせい　　　　　　　　　　　　　　　　　　　だい す
先生 선생님　 わかめスープ 미역국　 ~が大好きだ ~을/를 매우 좋아하다

⑤·· 조용하고 깨끗한 방이군요.

✎

しず　　　　　　　　　　　　　　　　　　　　　へ や
静かだ 조용하다　 ~で ~하고　 きれいな 예쁜, 깨끗한　 部屋 방

🔍 실전 회화 속 패턴 찾기

A 東京タワーは素敵ですね。

とうきょう / すてき

도쿄 타워는 멋지네요.

B そうですね。きれいな夜景ですね。

やけい

그러네요. 예쁜 야경이군요.

✅ 원어민 음성을 듣고 문장을 따라 써 보아요.

1 생선이 신선해요.

🎤 魚が新鮮です。

2 나는 행복해요.

🎤 私は幸せです。

3 남 앞에서 말하는 것을 못해요.

🎤 人前で話すのが苦手です。

4 선생님은 미역국을 너무 좋아해요.

🎤 先生はわかめスープが大好きです。

5 조용하고 깨끗한 방이군요.

🎤 静かできれいな部屋ですね。

친절했어요

かのじょ　しんせつ
彼女は親切でした。

그녀는 친절했어요.

な형용사의 な(だ)를 떼고「〜でした」를 붙이면 정중체 과거형이 됩니다. 문장에서는「〜だったです」를 써도 같은 의미가 됩니다만, 일반적으로 많이 사용하지는 않아요.

☑ 먼저 패턴에 맞게 스스로 문장을 써 보아요.

> 일본어로 쓰는 게 막막하다면 옆 페이지를 살짝 보아요.

① 점심은 만족스러웠어요.

✏️　　　　は満足でした。

ひる はん　　　　　　　　まんぞく
昼ご飯 점심　　満足だ 만족하다, 만족스럽다

② 정리해고는 유감이었어요.

✏️

　　　　　　　　　　　　　　　　　　ざんねん
リストラ 정리해고　　残念だ 유감이다

③ 오늘은 정말로 힘들었어요.

✏️

きょう　　　　ほんとう　　　　　たいへん
今日 오늘　　本当に 정말로　　大変だ 힘들다

④ 샐러드 바의 채소는 신선했어요.

✏️

　　　　　　　　　　　　　や さい　　　　しんせん
サラダ・バー 샐러드 바　　野菜 채소　　新鮮だ 신선하다

⑤ 역 앞 공원은 떠들썩했어요.

✏️

えきまえ　　　こうえん
駅前 역 앞　　公園 공원　　にぎやかだ 번화하다, 떠들썩하다

Ⓐ テストは簡単（かんたん）でしたか。

테스트는 간단했어요?

Ⓑ いいえ、それほど簡単じゃありませんでした。

아니요. 그렇게 간단하지 않았어요.

☑ 원어민 음성을 듣고 문장을 따라 써 보아요.

❶ ·· 점심은 만족스러웠어요.

🎤 昼ご飯は満足でした。

❷ ·· 정리해고는 유감이었어요.

🎤 リストラは残念でした。

❸ ·· 오늘은 정말로 힘들었어요.

🎤 今日は本当に大変でした。

❹ ·· 샐러드 바의 채소는 신선했어요.

🎤 サラダ・バーの野菜は新鮮でした。

❺ ·· 역 앞 공원은 떠들썩했어요.

🎤 駅前の公園はにぎやかでした。

34

な형용사 I 패턴

안 친절해요

彼女(かのじょ)は親切(しんせつ)じゃないです。

그녀는 안 친절해요.

な형용사의 な(だ)를 떼고 「~じゃないです」를 붙이면 정중체 부정형이 돼요. 문장에서는 '~지 않습니다' 즉 '안 ~
합니다', 회화에서는 '안 ~해요'로 해석할 수 있어요. 「~じゃありません」으로도 나타낼 수 있는데요, ~じゃないで
す에 비해 더 딱딱한 느낌이 들어요.

☑ 먼저 패턴에 맞게 스스로 문장을 써 보아요.

> 일본어로 쓰는 게
> 막막하다면 옆 페이지를
> 살짝 보아요.

①·· 그녀는 안 화려해요.

✎   は派手じゃないです。

彼女(かのじょ) 그녀   派手(はで)だ 화려하다

②·· 나는 그렇게 안 우수해요.

✎

私(わたし) 나   そんなに 그렇게   優秀(ゆうしゅう)だ 우수하다

③·· 실패는 헛되지 않아요.

✎

失敗(しっぱい) 실패   無駄(むだ)だ 헛되다

④·· (나의) 할머니는 안 건강해요.

✎

祖母(そぼ) 할머니   健康(けんこう)だ 건강하다

⑤·· 그는 어리석지 않아요.

✎

彼(かれ) 그   バカだ 어리석다, 바보같다

104

Ⓐ トイレはきれいですか。

화장실은 깨끗해요?

Ⓑ いいえ、あまりきれいじゃないです。

아니요. 별로 안 깨끗해요.

✅ **원어민 음성을 듣고 문장을 따라 써 보아요.**

❶ ·· 그녀는 안 화려해요.

🎤 彼女は派手じゃないです。

❷ ·· 나는 그렇게 안 우수해요.

🎤 私はそんなに優秀じゃないです。

❸ ·· 실패는 헛되지 않아요.

🎤 失敗は無駄じゃないです。

❹ ·· (나의) 할머니는 안 건강해요.

🎤 祖母は健康じゃないです。

❺ ·· 그는 어리석지 않아요.

🎤 彼はバカじゃないです。

안 친절했어요

彼女は親切じゃなかったです。

かのじょ　しんせつ

그녀는 안 친절했어요.

な형용사의 な(だ)를 떼고 「じゃなかったです」를 붙이면 정중체 과거 부정형이 돼요. 문장에서는 '~지 않았습니다' 즉 '안 ~했습니다', 회화에서는 '안 ~했어요'로 해석할 수 있어요. 「~じゃありませんでした」로도 나타낼 수 있는데, ~じゃなかったです에 비해 더 딱딱한 느낌이 들어요.

☑ 먼저 패턴에 맞게 스스로 문장을 써 보아요.

일본어로 쓰는 게 막막하다면 옆 페이지를 살짝 보아요.

① 출장은 안 힘들었어요.

✎　　　は大変じゃなかったです。

出張 출장　　大変だ 힘들다
しゅっちょう　　たいへん

② 테스트는 간단하지 않았어요.

✎

テスト 테스트　　簡単だ 간단하다
かんたん

③ 지난주는 안 한가했어요.

✎

先週 지난주　　暇だ 한가하다
せんしゅう　　ひま

④ 어릴 때는 몸이 안 튼튼했어요.

✎

子供のころ 어릴 때　　丈夫だ (몸이)튼튼하다
こども　　じょうぶ

⑤ 그녀는 화장을 해도 안 예뻤어요.

✎

彼女 그녀　　化粧 화장　　しても 해도　　きれいだ 예쁘다, 깨끗하다
かのじょ　　けしょう

Ⓐ 夕べのパーティーのドレス、派手でしたか。

어젯밤 파티 드레스 화려했어요?

Ⓑ いいえ、派手じゃなかったですよ。

아니요. 안 화려했어요.

☑ 원어민 음성을 듣고 문장을 따라 써 보아요.

① ·· 출장은 안 힘들었어요.

🎤 出張は大変じゃなかったです。

② ·· 테스트는 간단하지 않았어요.

🎤 テストは簡単じゃなかったです。

③ ·· 지난주는 안 한가했어요.

🎤 先週は暇じゃなかったです。

④ ·· 어릴 때는 몸이 안 튼튼했어요.

🎤 子供のころは丈夫じゃなかったです。

⑤ ·· 그녀는 화장을 해도 안 예뻤어요.

🎤 彼女は化粧をしてもきれいじゃなかったです。

한자와 친해지기로 했어요.

빈칸을 채워보세요.

僕<ruby>ぼく</ruby>は野菜<ruby>やさい</ruby>が＿＿＿＿＿＿＿。

나는 채소를 매우 싫어해.

今日<ruby>きょう</ruby>は本当<ruby>ほんとう</ruby>に＿＿＿＿＿＿＿。

오늘은 정말로 힘들었어.

僕<ruby>ぼく</ruby>は

＿＿＿＿＿＿＿＿＿＿。

나는 행복해요.

昼<ruby>ひる</ruby>ご飯<ruby>はん</ruby>は

＿＿＿＿＿＿＿＿＿＿。

점심은 만족스러웠어요.

● な 형용사 패턴 ●

총정리

①	친절해	親切 (しんせつ)
②	친절하다	親切だ
③	친절했어	親切だった
④	안 친절해	親切じゃない
⑤	안 친절했어	親切じゃなかった
⑥	친절해요	親切です
⑦	친절했어요	親切でした
⑧	안 친절해요	親切じゃないです
⑨	안 친절했어요	親切じゃなかったです

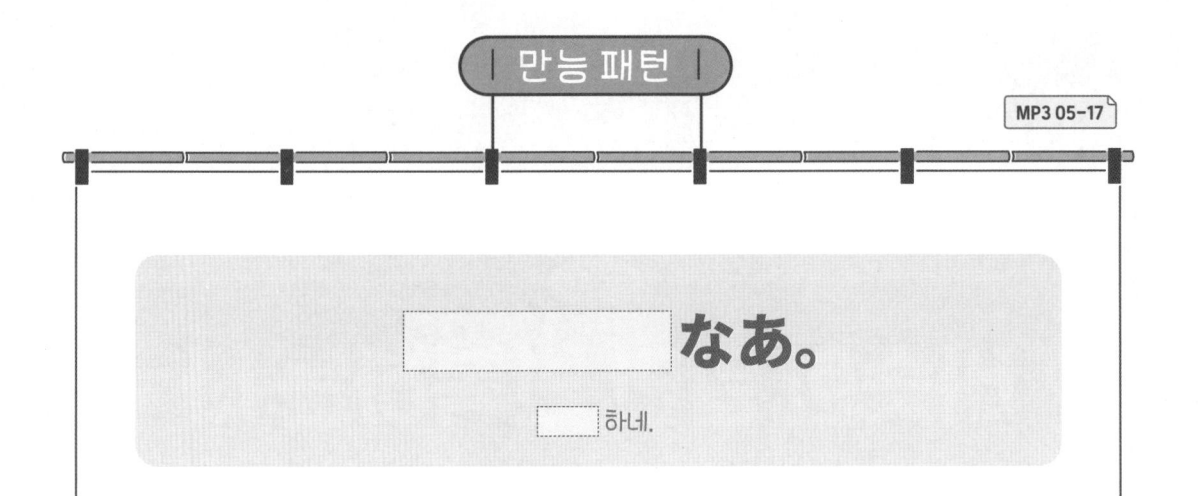

なあ。

____하네.

悲^{かな}しいなあ。

슬프구나.

うらやましいなあ。

부럽구나.

好^すきだったなあ。

좋아했구나.

よく働^{はたら}いたなあ。

잘 일했네.

どうしよう。困^{こま}るなあ。

어떡해. 곤란하네.

문말에 「なあ」가 붙어 '~구나', '~하네'의 뜻을 나타낼 수 있어요. 자신의 기분을 강조하거나, 기분을 감정적으로 표현할 때 짧지만 유용한 패턴이에요. い형용사, な형용사, 동사에 접속할 수 있습니다. 혼 잣말로 사용하는 경우가 많아요.

Unit 6

고민

비슷한 말만 반복하는 나

반복만 하는 당신에겐

동사 패턴
처방전

준비성 💊💊💊💊
용기 💊💊💊💊💊💊
경청 🧪🧪
노력 🥃🥃🥃

늘 하는 이야기를 넘어 다양한 이야기를 한다는 것, 한국인 친구끼리도 쉽지 않을 거예요. 이 어려운 일을 언어의 벽이 있는 외국인 친구와 하려고 하니 더 힘들 수도 있어요. 우선 준비성 4캡슐이 필요합니다. 우린 자유자재로 바로 말할 수 있는 원어민이 아니기에 준비해야 합니다. 유키의 마음에 다가가기 위한 성의의 표시라고 생각해 주세요.

유키와 이야기하고 싶은 주제를 뽑으세요. 이 주제의 선정부터가 어렵죠. 주제 선정을 위해서는 평소 유키와 대화할 때 '경청'하는 태도가 필요해요. 자주 말하는 주제, 어떤 이야기를 할 때 눈이 반짝였는지, 어떤 표정이었는지 등을 파악하며 주제를 선정하는 거예요. 그런 다음 그 주제에 적합한 일본어 대본을 만드는 겁니다. 경청하고, 주제를 정하고, 대본을 만들고 쉬운 작업은 아니죠. 하지만 비슷한 말만 하는 매너리즘의 굴레에서 벗어나려면 '노력'을 해야 해요. 이번 파트는 매너리즘에서 딱 벗어나기 좋아요. 회화의 꽃인 '동사의 패턴'을 배우면서 자유롭게 뽐내 보아요.

가

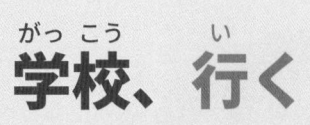

がっこう　い
学校、行く

학교 가.

우리말은 '~하다'로 동사가 끝나잖아요. 일본어는 'う단(う, く, す, つ, ぬ, ふ, む, る)'으로 끝나요. 회화에서는 '~해', '~할 거야'로 해석할 수 있어요. 궁금한 것을 물어볼 때는 끝을 올려 말하면 됩니다. 그리고 일본어는 미래 시제가 따로 존재하지 않기에 현재가 미래를 대신하기도 해요.

✅ 먼저 패턴에 맞게 스스로 문장을 써 보아요.

> 일본어로 쓰는 게
> 막막하다면 옆 페이지를
> 살짝 보아요.

① 매일 운동을 해.

　✎　　　　　　　　　をする。

まいにち　　　　うんどう
毎日 매일　運動 운동　～を ~을/를

② 내가 할게.

　✎

わたし
私 나　する 하다

③ 나중에 문자할게.

　✎

あと
後で 나중에　メール 문자　する 하다　ね 종조사(확인, 동의)

④ 오늘은 몇 명 와?

　✎

きょう　　　なんにん　　く
今日 오늘　何人 몇 명　来る 오다

⑤ 차 마실래?

　✎

ちゃ　　　の
お茶 차　飲む 마시다

Ⓐ コーヒー、飲む？

커피 마실래?

Ⓑ ううん、飲まない。

아니. 안 마셔.

✓ **원어민 음성을 듣고 문장을 따라 써 보아요.**　　MP3 06-02

❶ ‥ 매일 운동을 해.

🎤 毎日、運動をする。

❷ ‥ 내가 할게.

🎤 私がする。

❸ ‥ 나중에 문자할게.

🎤 後でメールするね。

❹ ‥ 오늘은 몇 명 와?

🎤 今日は何人来る？

❺ ‥ 차 마실래?

🎤 お茶飲む？

갔어

_{がっ}_{こう}　　_い
学校、行った。

학교 갔어.

동사에 「〜た」가 붙어 과거형을 나타낼 수 있어요. 문장에서는 '〜했다', 회화에서는 '〜했어'로 해석할 수 있습니다.

☑ **먼저 패턴에 맞게 스스로 문장을 써 보아요.**

> 일본어로 쓰는 게 막막하다면 옆 페이지를 살짝 보아요.

① ‥ 오늘도 회사에 늦었어.

✎　　　　　　　　　　に遅れた。

_{きょう}今日 오늘　〜も ~도　_{かいしゃ}会社 회사　_{おく}遅れる 늦다

② ‥ 어제 쉰 사람은 누구예요?

✎

_{きのう}昨日 어제　_{やす}休む 쉬다　_{ひと}人 사람　_{だれ}誰 누구

③ ‥ 클래식을 들었어.

✎

クラシック 클래식　_き聞く 듣다

④ ‥ 슬리퍼를 신었어.

✎

スリッパ 슬리퍼　〜を ~을/를　_は履く 신다

⑤ ‥ 거래처에 연락했어.

✎

_{とりひきさき}取引先 거래처　_{れんらく}連絡 연락　する 하다

A ダイエットした？

다이어트 했어?

B うん、3キロ痩せたよ。

응. 3kg 뺐어.

⊘ **원어민 음성을 듣고 문장을 따라 써 보아요.**

① ‥ 오늘도 회사에 늦었어.

🎤 今日も会社に遅れた。

② ‥ 어제 쉰 사람은 누구예요?

🎤 昨日休んだ人は誰ですか。

③ ‥ 클래식을 들었어.

🎤 クラシックを聞いた。

④ ‥ 슬리퍼를 신었어.

🎤 スリッパを履いた。

⑤ ‥ 거래처에 연락했어.

🎤 取引先に連絡した。

안 가

学校、行かない。

학교 안 가.

동사에 「〜ない」가 붙어 부정형을 나타낼 수 있어요. 문장에서는 '〜하지 않다', '안 〜하다', 회화에서는 '〜하지 않아', '안 〜해'로 해석할 수 있어요.

☑ 먼저 패턴에 맞게 스스로 문장을 써 보아요.

일본어로 쓰는 게 막막하다면 옆 페이지를 살짝 보아요.

① 아직 그의 이름도 몰라.

✎　　　　　　も知らない。

まだ 아직　彼 그　名前 이름　〜も 〜도　知る 알다

② 슬퍼도 안 울어.

✎

悲しい 슬프다　〜ても 〜해도　泣く 울다

③ 좀처럼 일이 안 끝나.

✎

なかなか 좀처럼　仕事 일　終わる 끝나다

④ 두 번 다시 담배는 안 피워.

✎

二度と 두 번 다시　タバコ 담배　吸う 피우다

⑤ 아들은 고등어를 안 먹어.

✎

息子 아들　サバ 고등어　食べる 먹다

116

Ⓐ もう食べ^たないの？

이제 안 먹어?

Ⓑ うん、お腹^{なか}いっぱい。

응. 배불러.

✅ **원어민 음성을 듣고 문장을 따라 써 보아요.** MP3 06-06

❶ ·· 아직 그의 이름도 몰라.

🎤 まだ彼の名前も知らない。

❷ ·· 슬퍼도 안 울어.

🎤 悲しくても泣かない。

❸ ·· 좀처럼 일이 안 끝나.

🎤 なかなか仕事が終わらない。

❹ ·· 두 번 다시 담배는 안 피워.

🎤 二度とタバコは吸わない。

❺ ·· 아들은 고등어를 안 먹어.

🎤 息子はサバを食べない。

안 갔어

<ruby>学<rt>がっ</rt>校<rt>こう</rt></ruby>、<ruby>行<rt>い</rt></ruby>かなかった。

학교 안 갔어.

동사에 「~なかった」가 붙어 과거 부정형을 나타낼 수 있어요. 문장에서 '~하지 않았다', '안 ~했다', 회화에서는 '~하지 않았어', '안 ~했어'로 해석할 수 있어요.

☑ **먼저 패턴에 맞게 스스로 문장을 써 보아요.**

> 일본어로 쓰는 게
> 막막하다면 옆 페이지를
> 살짝 보아요.

①·· 서울은 비 안 왔어.

🖊   降らなかったよ。

ソウル 서울   雨<rt>あめ</rt> 비   降<rt>ふ</rt>る 내리다, 오다   よ 종조사(강조)

②·· 어제는 바빠서 헬스장에 안 갔어.

🖊

昨日<rt>きのう</rt> 어제   忙<rt>いそが</rt>しい 바쁘다   ジム 헬스장

③·· 신청서에 이름을 안 썼어.

🖊

申込書<rt>もうしこみしょ</rt> 신청서   名前<rt>なまえ</rt> 이름   書<rt>か</rt>く 쓰다

④·· 어제는 아무것도 안 먹었어.

🖊

昨日<rt>きのう</rt> 어제   何<rt>なに</rt>も 아무것도   食<rt>た</rt>べる 먹다

⑤·· 머리 안 잘랐어.

🖊

髪<rt>かみ</rt> 머리   切<rt>き</rt>る 자르다   よ 종조사(강조)

🔍 실전 회화 속 패턴 찾기

<table>
<tr><td>A</td><td>うんどうかい　い
運動会に行ったの？
운동회에 갔어?</td></tr>
<tr><td>B</td><td>ううん、行かなかったよ。
아니, 안 갔어.</td></tr>
</table>

✅ 원어민 음성을 듣고 문장을 따라 써 보아요.　　　　MP3 06-08

1.. 서울은 비 안 왔어.

🎤 ソウルは雨降らなかったよ。

2.. 어제는 바빠서 헬스장에 안 갔어.

🎤 昨日は忙しくてジムに行かなかった。

3.. 신청서에 이름을 안 썼어.

🎤 申込書に名前を書かなかった。

4.. 어제는 아무것도 안 먹었어.

🎤 昨日は何も食べなかった。

5.. 머리 안 잘랐어.

🎤 髪、切らなかったよ。

가요

_{がっこう} _い
学校、行きます。

학교 가요.

동사에 「〜ます」가 붙어 정중체가 됩니다. 문장에서는 '〜합니다', 회화에서는 '〜해요'로 해석할 수 있어요. 일본어는 미래 시제가 따로 없기에 현재가 미래를 대신해요. 그래서 '〜할 것입니다', '〜할 거예요'로도 해석합니다.

✅ **먼저 패턴에 맞게 스스로 문장을 써 보아요.**

> 일본어로 쓰는 게
> 막막하다면 옆 페이지를
> 살짝 보아요.

①·· 때때로 일본 드라마를 봐요.

🖊   を見ます。

_{ときどき} 時々 때때로   ドラマ 드라마   _み見る 보다

②·· 매일 회화 연습을 해요.

🖊

_{まいにち} 毎日 매일   _{かいわ} 会話 회화   _{れんしゅう} 練習をする 연습을 하다

③·· 오늘 밤 불꽃놀이 구경 가요.

🖊

_{こんや} 今夜 오늘 밤   _{はなび} 花火 불꽃놀이   _{けんぶつ} _い見物に行く 구경하러 가다, 구경 가다

④·· 친구와 놀 거예요.

🖊

_{ともだち} 友達 친구   〜と ~와/과   _{あそ}遊ぶ 놀다

⑤·· 김치를 담글 거예요.

🖊

キムチ 김치   _つ漬ける 담그다

実전 회화 속 패턴 찾기

Ⓐ 土曜日のパーティーに行きますか。

토요일 파티에 갈 거예요?

Ⓑ はい、行きます。楽しみですね。

네. 가요. 기대가 되네요.

✅ 원어민 음성을 듣고 문장을 따라 써 보아요.

① 때때로 일본 드라마를 봐요.

🎙 時々日本のドラマを見ます。

② 매일 회화 연습을 해요.

🎙 毎日会話練習をします。

③ 오늘 밤 불꽃놀이 구경 가요.

🎙 今夜、花火見物に行きます。

④ 친구와 놀 거예요.

🎙 友達と遊びます。

⑤ 김치를 담글 거예요.

🎙 キムチを漬けます。

갔어요

がっ こう い
学校、行きました。

학교 갔어요.

동사에 「〜ました」가 붙어 정중체 과거형을 나타낼 수 있어요. 문장에서 '〜했습니다', 회화에서는 '〜했어요'로 해석할 수 있어요.

☑ **먼저 패턴에 맞게 스스로 문장을 써 보아요.**

> 일본어로 쓰는 게
> 막막하다면 옆 페이지를
> 살짝 보아요.

①·· 택시를 불렀어요.

✏ _____ を呼びました。

タクシー 택시　呼ぶ 부르다

②·· 열쇠를 잃어버렸어요.

✏

かぎ 열쇠　なくす 잃어버리다

③·· 그녀는 요리 콘테스트에 나가서 우승했어요.

✏

かのじょ りょうり で ゆうしょう
彼女 그녀　料理コンテスト 요리 콘테스트　〜に出る 〜에 나가다　優勝 우승

④·· 전화 바꿨습니다.

✏

でん わ
お電話 전화　かわる 바뀌다

⑤·· 신세졌습니다.

✏

せ わ
お世話になる 신세지다

실전 회화 속 패턴 찾기

Ⓐ ゴルフの試合は勝ちましたか。

골프 시합은 이겼어요?

Ⓑ いいえ、負けました。

아니요. 졌어요.

✓ **원어민 음성을 듣고 문장을 따라 써 보아요.**

❶·· 택시를 불렀어요.

🎙 タクシーを呼びました。

❷·· 열쇠를 잃어버렸어요.

🎙 かぎをなくしました。

❸·· 그녀는 요리 콘테스트에 나가서 우승했어요.

🎙 彼女は料理コンテストに出て優勝しました。

❹·· 전화 바꿨습니다.

🎙 お電話、かわりました。

❺·· 신세졌습니다.

🎙 お世話になりました。

동사 패턴

42

안 가요

<ruby>学校<rt>がっこう</rt></ruby>、<ruby>行<rt>い</rt></ruby>きません。

학교 안 가요.

동사에 「～ません」이 붙어 정중체 부정형을 나타낼 수 있어요. 문장에서는 '～하지 않습니다', '안 ～합니다', 회화에서는 '～하지 않아요', '안 ～해요'로 해석할 수 있어요.

✓ 먼저 패턴에 맞게 스스로 문장을 써 보아요.

일본어로 쓰는 게 막막하다면 옆 페이지를 살짝 보아요.

①·· 그 사람 몰라요.

✎ 知りません。

その 그 　人 사람 　知る 알다

②·· 회사 안 그만둬요.

✎

会社 회사 　辞める 그만두다

③·· 오늘 오후에는 회의를 안 해요.

✎

今日 오늘 　午後 오후 　会議 회의

④·· 반 친구 괴롭히지 않아요.

✎

クラスメイト 반 친구 　いじめる 괴롭히다

⑤·· 인도에서는 돼지고기를 안 먹어요.

✎

インド 인도 　～では ～에서는 　豚肉 돼지고기 　食べる 먹다

🔍 실전 회화 속 패턴 찾기

Ⓐ 日本語（にほんご）が分（わ）かりますか。

일본어를 알아요?

Ⓑ いいえ、全然（ぜんぜん）分かりません。

아니요. 전혀 몰라요.

✅ 원어민 음성을 듣고 문장을 따라 써 보아요.

❶ ·· 그 사람 몰라요.

🎙 その人、知りません。

❷ ·· 회사 안 그만둬요.

🎙 会社、辞めません。

❸ ·· 오늘 오후에는 회의를 안 해요.

🎙 今日の午後は会議をしません。

❹ ·· 반 친구 괴롭히지 않아요.

🎙 クラスメイト、いじめません。

❺ ·· 인도에서는 돼지고기를 안 먹어요.

🎙 インドでは豚肉を食べません。

안 갔어요

> 学校、行きませんでした。
> がっこう い
>
> 학교 안 갔어요.

동사에 「～ませんでした」가 붙어 정중체 과거 부정형을 나타낼 수 있어요. 문장에서는 '～하지 않았습니다', '안 ～했습니다', 회화에서는 '～하지 않았어요', '안 ～했어요'로 해석할 수 있어요.

☑ 먼저 패턴에 맞게 스스로 문장을 써 보아요.

> 일본어로 쓰는 게 막막하다면 옆 페이지를 살짝 보아요.

①ᆢ 사진을 안 찍었어요.

✎　　　　　　を撮りませんでした。

写真を撮る 사진을 찍다
しゃしん　と

②ᆢ 자기소개 안 했어요.

✎

自己紹介 자기소개　する 하다
じ こ しょうかい

③ᆢ 선물 안 받았어요.

✎

プレゼント 선물　もらう 받다

④ᆢ 시험을 안 봤어요.

✎

試験を受ける 시험을 보다
し けん　う

⑤ᆢ 관심을 안 가졌어요.

✎

興味を持つ 관심을 가지다(関心을 써도 틀린 것은 아니나 興味를 더 많이 쓰고 일반적이에요.)
きょう み　も　　　　　　　　　　かんしん　　　　　　　　　　　きょう み

Ⓐ 週末どこかへ行きましたか。
しゅうまつ　　　　　　　い

주말 어딘가에 갔어요?

Ⓑ いいえ、どこへも行きませんでした。

아니요. 아무데도 안 갔어요.

✅ **원어민 음성을 듣고 문장을 따라 써 보아요.**　　　MP3 06-16

❶·· 사진을 안 찍었어요.

🎙 写真を撮りませんでした。

❷·· 자기소개 안 했어요.

🎙 自己紹介、しませんでした。

❸·· 선물 안 받았어요.

🎙 プレセント、もらいませんでした。

❹·· 시험을 안 봤어요.

🎙 試験を受けませんでした。

❺·· 관심을 안 가졌어요.

🎙 興味を持ちませんでした。

이젠 다양하게 말할 수 있어요

빈칸을
채워보세요.

後で_____。
あと
나중에 문자할게.

悲しくても_____。
かな
슬퍼도 안 울어.

タクシーを_____。
택시를 불렀어요.

その人、_____。
ひと
그 사람 몰라요.

• 동사 패턴 •
총정리

① 가	行く い
② 갔어	行った
③ 안 가	行かない
④ 안 갔어	行かなかった
⑤ 가요	行きます
⑥ 갔어요	行きました
⑦ 안 가요	行きません
⑧ 안 갔어요	行きませんでした

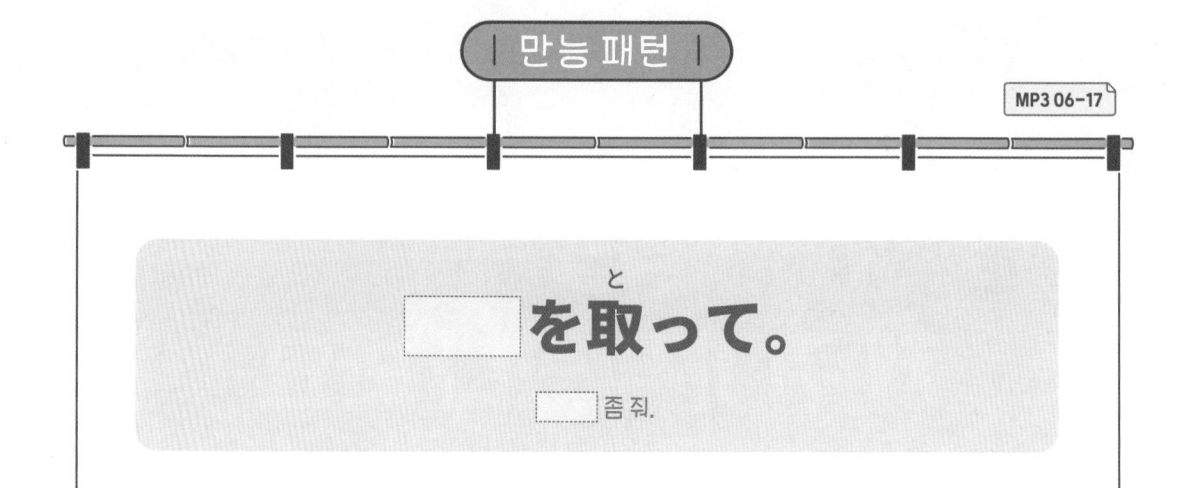

□を取<ruby>取<rt>と</rt></ruby>って。

□ 좀 줘.

<ruby>塩<rt>しお</rt></ruby>を取って。

소금 좀 줘.

<ruby>醤油<rt>しょう ゆ</rt></ruby>を取って。

간장 좀 줘.

こしょうを取って。

후추 좀 줘.

<ruby>砂糖<rt>さ とう</rt></ruby>を取って。

설탕 좀 줘.

ケチャップを取って。

게첩 좀 줘.

식당에서 음식을 먹으면서 소금이나 후추를 달라고 말할 때 왠지 어려운 표현을 쓸 것 같지만「取る」동사를 써서 쉽고 간결하게 말할 수 있어요. 「取る」는 '잡다, 취하다'라는 뜻입니다. 「〜を取って」'〜을 집어줘'라는 뜻인데요, 한국의 실정에 맞게 '〜좀 줘'로 해석할 수 있습니다.

Unit 7

제 귀가 막혔나 봐요

가끔 일본 드라마를 봅니다만 자막이 없으면 무슨 말인지 모르겠고

…?

빨리 말하는 대사는 주변 소음처럼 아무 의미 없이 흘러가요.

君が昔から大好きだった。どうか私を~

에? 방금 뭐가 지나갔나??

잘 들어야 말도 잘할 수 있다고 하잖아요.

듣는 게 힘이다!

전 아직 일본어가 잘 들리지 않는데, 어떻게 회화를 할 수 있을까요?

그런데 회화는 어떻게 해야할까?

이러다 나 회화는 할 수 있으려나….

다음 화는 쉬웠으면

듣는 게 어려운 당신에겐

동사 ない형 패턴 처방전

여유로움 💊💊💊💊💊

끈기 💊💊💊

실력 💊💊💊

듣기 💊

우리 성인들은 언어를 배울 때 문자(책)로 접근하기에 귀가 열리는 게 비교적 늦습니다. 눈이 먼저 반응하기 때문이죠. 그러니 조급함을 버려야 해요. 여유로움 캡슐 5개를 얼른 드세요. 조급함은 하나도 득이 될 게 없어요.

일본어가 안 들리는 이유는 크게 두 가지로 말할 수 있습니다. 첫 번째는 모자란 자신의 학습량으로 인한 실력 부족이에요. 그 단어, 문장을 모르는데 들릴 리가 없겠죠. 꾸준히 실력을 쌓아야 합니다. 두 번째는 듣기 연습 부족으로 인한 순간적인 처리 능력 부족이에요. 공부했던 단어와 문장인데 안 들리는 이유는 해당 문장이 음성적으로 어떻게 들리는지 경험해 보지 않아 놓치는 경우가 많아요. 많이 들어보면서 음성적인 느낌을 익혀야 합니다.

이렇듯 조급함을 버리고 끈기를 가지고 실력을 쌓는 방법밖에 없어요. 이번 파트는 회화에서 자주 나오는 ない형 패턴을 배워요. 많이 듣고 반복하다 보면 절로 실력도 쌓이고 음성적으로도 어떻게 다가오는지 느낄 수 있을 거예요. 귀는 결코 막혀 있지 않아요. 실력을 조금 더 쌓아봅시다!

~하지 마세요

甘_{あま}いもの、食_たべないでください。

단 거 먹지 말아 주세요.

동사 ない형에 붙는 패턴이에요. 「~ないでください」는 '~하지 말아주세요', '~하지 마세요'로 해석할 수 있어요.
어떤 행동을 하지 말라고 금지할 때 사용해요.

✅ **먼저 패턴에 맞게 스스로 문장을 써 보아요.**

> 일본어로 쓰는 게
> 막막하다면 옆 페이지를
> 살짝 보아요.

① 걱정하지 마세요.

✎ 　　　　　　しないでください。

心配_{しんぱい}する 걱정하다

② 만지지 마세요.

✎

触_{さわ}る 만지다

③ 여기에 쓰레기를 버리지 마세요.

✎

ここ 여기　～に ~에　ゴミ 쓰레기　捨_すてる 버리다

④ 영화관 안에서 사진을 찍지 마세요.

✎

映画館_{えいがかん} 영화관　中_{なか} 안　～で ~에서　写真_{しゃしん}を撮_とる 사진을 찍다

⑤ 컴퓨터 전원을 끄지 마세요.

✎

コンピューター 컴퓨터　電源_{でんげん}を切_きる 전원을 끄다

実전 회화 속 패턴 찾기

Ⓐ 田中さん、あまり無理しないでください。
たなか　　　　　　　　むり

다나카 씨 너무 무리하지 마세요.

Ⓑ いつもやさしい言葉、ありがとうございます。
　　　　　　　ことば

항상 따뜻한 말, 감사해요.

☑ 원어민 음성을 듣고 문장을 따라 써 보아요.

❶ ‥ 걱정하지 마세요.

🎤 心配しないでください。

❷ ‥ 만지지 마세요.

🎤 触らないでください。

❸ ‥ 여기에 쓰레기를 버리지 마세요.

🎤 ここにゴミを捨てないでください。

❹ ‥ 영화관 안에서 사진을 찍지 마세요.

🎤 映画館の中で写真を撮らないでください。

❺ ‥ 컴퓨터 전원을 끄지 마세요.

🎤 コンピューターの電源を切らないでください。

~하지 않도록

甘い物、食べないようにね。

단 거 먹지 않도록 해.

「～ないように」는 '～하지 않도록'으로 해석할 수 있어요. 회화에서는 ～ないように 뒤에 확인, 동의를 나타내는 종조사 「ね」가 붙어 '～하지 않도록 해'로 사용할 수 있어요. 어떤 결과가 되지 않기를 바랄 때 쓰는 패턴입니다.

☑ **먼저 패턴에 맞게 스스로 문장을 써 보아요.**

> 일본어로 쓰는 게 막막하다면 옆 페이지를 살짝 보아요.

①·· 절대 잊지 않도록 해.

✏️ 忘れないようにね。

絶対 절대　忘れる 잊다

②·· 회식에서는 과음하지 않도록 해.

✏️

飲み会 회식　～では ~에서는　飲みすぎる 과음하다

③·· 내일 수업에 늦지 않도록 해 주세요.

✏️

明日 내일　授業 수업　遅れる 늦다

④·· 실패는 해도 후회는 하지 않도록 하고 있어.

✏️

失敗 실패　～ても ~해도　後悔 후회

⑤·· 이제 더 이상은 살찌지 않도록 운동을 시작했어요.

✏️

もう 이제　これ以上は 더 이상은　太る 살찌다　運動 운동　始める 시작하다

Ⓐ 急に寒くなったね。

갑자기 추워졌네.

Ⓑ 風邪をひかないように気をつけてね。

감기에 걸리지 않도록 조심해.

✅ **원어민 음성을 듣고 문장을 따라 써 보아요.**　　MP3 07-04

❶ 절대 잊지 않도록 해.

🎤 絶対忘れないようにね。

❷ 회식에서는 과음하지 않도록 해.

🎤 飲み会では飲みすぎないようにね。

❸ 내일 수업에 늦지 않도록 해 주세요.

🎤 明日の授業に遅れないようにしてください。

❹ 실패는 해도 후회는 하지 않도록 하고 있어.

🎤 失敗はしても後悔はしないようにしている。

❺ 이제 더 이상은 살찌지 않도록 운동을 시작했어요.

🎤 もうこれ以上は太らないように運動を始めました。

~하지 않는 게 좋아

_{あま} _{もの} _た _{ほう}
甘い物、食べない方がいい。

단 거 먹지 않는 게 좋아.

「~ない方がいい」는 동사 ない형에 붙는 패턴이에요. '~하지 않는 편이 좋다', '~하지 않는 게 좋아', '안 ~하는 게 좋아'로 해석할 수 있습니다. 상대방에게 어떤 일을 하지 말라고 충고, 권유를 할 때 사용해요. 문장 끝에 종조사「よ」를 붙여서 강조할 수 있습니다.

☑️ **먼저 패턴에 맞게 스스로 문장을 써 보아요.**

> 일본어로 쓰는 게 막막하다면 옆 페이지를 살짝 보아요.

① 그것은 안 만지는 게 좋아.

🖉 触らない方がいい。

それ 그것　触る 만지다

② 저기는 위험하니까 안 가는 게 좋아.

🖉

あそこ 저기　危ない 위험하다　~から ~이니까, ~때문에　行く 가다

③ 벌레가 들어오니까 창문을 안 여는 게 좋아.

🖉

虫 벌레　入ってくる 들어오다　窓を開ける 창문을 열다

④ 다른 사람 험담을 하지 않는 게 좋을 것 같아.

🖉

他人 다른 사람　悪口を言う 험담을 하다　よ 종조사(강조)

⑤ 남자친구에게 화장을 안 하는 게 낫다고 들었어요.

🖉

彼氏 남자친구　化粧をする 화장을 하다　~と言われる ~라고 듣다

실전회화 속 패턴 찾기

Ⓐ 私、体の調子が悪い。
나 몸이 안 좋아.

Ⓑ じゃ、無理しない方がいいよ。
그럼 무리하지 않는 게 좋아.

✅ 원어민 음성을 듣고 문장을 따라 써 보아요. MP3 07-06

❶ 그것은 안 만지는 게 좋아.
🎤 それは触らない方がいい。

❷ 저기는 위험하니까 안 가는 게 좋아.
🎤 あそこは危ないから、行かない方がいい。

❸ 벌레가 들어오니까 창문을 안 여는 게 좋아.
🎤 虫が入ってくるから、窓を開けない方がいい。

❹ 다른 사람 험담을 하지 않는 게 좋을 것 같아.
🎤 他人の悪口を言わない方がいいと思いますよ。

❺ 남자친구에게 화장을 안 하는 게 낫다고 들었어요.
🎤 彼氏に化粧をしない方がいいと言われました。

~하지 않고, ~하지 않아서

甘_{あま}いもの、食_たべないで・なくて

단 거 먹지 않고   먹지 않아서

「~ないで」는 '~하지 않고'라는 뜻으로 하지 않은 '상태'를 나타냅니다. 「~なくて」는 '~하지 않아서'라는 뜻으로 '원인, 이유'를 나타내요. 비슷한 것 같지만 쓰임이 다른 패턴이니 구분하여 사용해 주세요.

☑ **먼저 패턴에 맞게 스스로 문장을 써 보아요.**

> 일본어로 쓰는 게
> 막막하다면 옆 페이지를
> 살짝 보아요.

①‥ 밥을 먹지 않고 학교에 갔어.

✏   を食べないで

ご飯_{はん} 밥   食_たべる 먹다   学校_{がっこう}へ行_いく 학교에 가다

②‥ 밥을 먹지 않아서 배가 고파.

✏

お腹_{なか}が空_すいた 배가 고프다

③‥ 커피에 설탕을 넣지 않고 마셔요.

✏

コーヒー 커피   ~に ~에   砂糖_{さとう}を入_いれる 설탕을 넣다   飲_のむ 마시다

④‥ 한자를 못 읽어서 시험에 떨어졌어.

✏

漢字_{かんじ} 한자   読_よめない 읽을 수 없다   試験_{しけん}に落_おちる 시험에 떨어지다

⑤‥ 어제 목욕하지 않고 자 버렸어.

✏

昨日_{きのう} 어제   お風呂_{ふろ}に入_{はい}る 목욕하다   寝_ねる 자다   ~てしまった ~해 버렸다

Ⓐ 日本旅行、どうだった？
に ほんりょこう

일본 여행 어땠어?

Ⓑ それがね、日本語が通じなくて苦労したよ。
に ほん ご　　つう　　　　　　　く ろう

그게 말이야, 일본어가 안 통해서 고생했어.

✅ **원어민 음성을 듣고 문장을 따라 써 보아요.**

MP3 07-08

❶‥ 밥을 먹지 않고 학교에 갔어.

🎤 ご飯を食べないで学校へ行った。

❷‥ 밥을 먹지 않아서 배가 고파.

🎤 ご飯を食べなくてお腹が空いた。

❸‥ 커피에 설탕을 넣지 않고 마셔요.

🎤 コーヒーに砂糖を入れないで飲みます。

❹‥ 한자를 못 읽어서 시험에 떨어졌어.

🎤 漢字が読めなくて試験に落ちた。

❺‥ 어제 목욕하지 않고 자 버렸어.

🎤 昨日お風呂に入らないで寝てしまった。

~하지 않아도 돼, ~하지 않으면 안 돼

甘_{あま}いもの、食_たべなくてもいい・ないとだめ。

단 거 먹지 않아도 돼.   먹지 않으면 안 돼.

「~なくてもいい」는 '~하지 않아도 된다', '~하지 않아도 돼', '안 ~해도 돼'로 해석할 수 있어요. も를 생략해서 「~なくていい」만 써도 됩니다. 「~ないとだめ」는 '~하지 않으면 안 돼' 즉 '~해야 돼'라는 뜻으로 어떤 일을 권하거나 충고할 때 써요. 좀 더 강하게 의무, 필요를 나타낼 때는 「~ないといけない」를 쓰면 됩니다.

✅ 먼저 패턴에 맞게 스스로 문장을 써 보아요.

> 일본어로 쓰는 게 막막하다면 옆 페이지를 살짝 보아요.

① 말하고 싶지 않으면 안 해도 돼.

✏️ 言わなくてもいい。

言_いいたくない 말하고 싶지 않다   ～なら ～라면

② 내일은 휴일이니까 학교에 가지 않아도 돼.

✏️

明日_{あした} 내일   休_{やす}み 휴일   명사+だから ～이니까   学校_{がっこう} 학교

③ 초등학생 이하는 돈을 내지 않아도 돼요.

✏️

小学生_{しょうがくせい} 초등학생   以下_{いか} 이하   お金_{かね}を払_{はら}う 돈을 내다

④ 아침밥은 제대로 먹지 않으면 안 돼. (먹어야 해)

✏️

朝_{あさ}ご飯_{はん} 아침밥   ちゃんと 제대로   食_たべる 먹다   よ 종조사(강조)

⑤ 거기는 현금을 가지고 가지 않으면 안 돼요. (가지고 가야 해요)

✏️

そこ 거기   現金_{げんきん} 현금   持_もって行_いく 가지고 가다

Ⓐ これ、総務部（そうむぶ）に連絡（れんらく）しなくてもいい？

이거, 총무부에 연락 안 해도 돼?

Ⓑ もうしたよ。

벌써 했어.

✅ 원어민 음성을 듣고 문장을 따라 써 보아요.   MP3 07-10

❶ ·· 말하고 싶지 않으면 안 해도 돼.

🎤 言いたくないなら言わなくてもいい。

❷ ·· 내일은 휴일이니까 학교에 가지 않아도 돼.

🎤 明日は休みだから、学校へ行かなくてもいい。

❸ ·· 초등학생 이하는 돈을 내지 않아도 돼요.

🎤 小学生以下はお金を払わなくてもいいです。

❹ ·· 아침밥은 제대로 먹지 않으면 안 돼. (먹어야 해)

🎤 朝ご飯はちゃんと食べないとだめだよ。

❺ ·· 거기는 현금을 가지고 가지 않으면 안 돼요. (가지고 가야 해요)

🎤 そこは現金を持って行かないとだめです。

여유롭게 일본어를 들을 수 있어요.

빈칸을 채워보세요.

心配 (しんぱい)

_____。

걱정하지 마세요.

絶対 (ぜったい)

_____。

절대 잊지 않도록 해.

触ら (さわ)

_____。

안 만지는 게 좋아.

学校へ (がっこう)

_____。

학교에 가지 않아도 돼.

• 동사 ない형 패턴 •

총정리

① ~하지 마세요	~ないでください
② ~하지 않도록	~ないように
③ ~하지 않는 게 좋아	~ない方(ほう)がいい
④ ~하지 않고, ~하지 않아서	~ないで・~なくて
⑤ ~하지 않아도 돼, ~하지 않으면 안 돼	~なくてもいい・~ないとだめ

MP3 07-11

［　　　　］はまあまあです。

［　　］은/는 그저 그래요.

^{あじ}
味はまあまあです。

맛은 그저 그래요.

^{ひんしつ}
品質はまあまあです。

품질은 그저 그래요.

^{ね だん}
値段はまあまあです。

가격은 그저 그래요.

デザインはまあまあです。

디자인은 그저 그래요.

^{せつ び}
設備はまあまあです。

설비(시설)는 그저 그래요.

　일본인은 '싫다', '별로다'처럼 부정적으로 말하지 않고 '그저 그렇다'라는 애매모호한 말을 씁니다. 우리도 직접적으로 말하기는 어렵고 그렇다고 좋지도 않다고 느낄 땐 '그저 그래요'라는 말로 상황을 넘겨 보아요.

Unit 8

높임말 앞에서 무력해지는 나

높임말로 길게 말해야 일본어를 잘하는 거라고 착각하는 경우가 많아요. 하지만 높임말을 자주 쓰는 한국인에 대해 일본인의 생각을 들어보면 '제대로 된 높임말을 사용하지 않아, 틀린 곳이 많고 듣기가 어려웠다.', '공손하게 이야기하는 것은 좋으나 정작 중요한 내용은 제대로 전달되지 않아 아쉬웠다.' 등 집중해서 들어야 하기에 피곤했던 적이 많았다고 합니다.

한국인은 '높임말'를 써야 하는 의무감이 있는 것 같아요. 「です」, 「ます」만 써서 말해도 충분히 공손하고 예의에 어긋나지 않는데 '높임말'에 너무 연연하는 거죠. 사실 높임말은 원어민도 어려워해요. 한국어 높임말도 꽤 어렵잖아요? 시간의 힘을 믿고 꾸준히 공부해나가야 합니다. 진정으로 '실력'이 쌓이면 높임말을 말하고 싶지 않아도 절로 입에 붙어 나와요. 지금은 그 시기가 아닐 뿐이니 좀 더 공부를 하며 때를 기다려보세요. 이번 파트에서 ます형을 배우면서 충분히 공손할 수 있다는 느낌을 받으시길 바래요.

~하면서

お酒を飲みながら歌います。

술을 마시면서 노래해요.

「~ながら」는 '~하면서'로 두 동작을 동시에 하는 동시 동작을 나타내는 패턴이에요.

✅ **먼저 패턴에 맞게 스스로 문장을 써 보아요.**

> 일본어로 쓰는 게
> 막막하다면 옆 페이지를
> 살짝 보아요.

① 음악을 들으면서 숙제를 해요.

> 🖊 　　　を聞きながら

音楽を聞く 음악을 듣다　宿題をする 숙제를 하다

② 커피를 마시면서 일정을 체크했어.

> 🖊

コーヒーを飲む 커피를 마시다　日程 일정　チェック 체크

③ 차라도 마시면서 이야기합시다.

> 🖊

お茶 차　~でも ~라도　飲む 마시다　話す 이야기하다

④ 팝콘을 먹으면서 영화를 봐요.

> 🖊

ポップコーン 팝콘　食べる 먹다　映画を見る 영화를 보다

⑤ 피아노를 치면서 노래해요.

> 🖊

ピアノをひく 피아노를 치다　歌う 노래하다

Ⓐ 会議の内容、ちゃんとまとめましたか。

회의 내용 잘 정리했죠?

Ⓑ はい、メモを取りながら聞いてましたから。

네. 메모를 하면서 듣고 있었거든요.

✅ 원어민 음성을 듣고 문장을 따라 써 보아요.

❶ 음악을 들으면서 숙제를 해요.

🎤 音楽を聞きながら宿題をします。

❷ 커피를 마시면서 일정을 체크했어.

🎤 コーヒーを飲みながら日程をチェックした。

❸ 차라도 마시면서 이야기합시다.

🎤 お茶でも飲みながら話しましょう。

❹ 팝콘을 먹으면서 영화를 봐요.

🎤 ポップコーンを食べながら映画を見ます。

❺ 피아노를 치면서 노래해요.

🎤 ピアノをひきながら歌います。

~하거라

ミルク飲みなさい。
の

우유 마시거라.

「~なさい」는 '~하거라', '~하세요', '~해라'라는 뜻으로 부드러운 명령을 나타내는 패턴이에요. 주로 엄마가 아이에게 많이 사용합니다. 기본적으로 윗사람이 아랫사람에게 말하는 느낌이라 윗사람에게 사용해서는 안 됩니다.

☑ **먼저 패턴에 맞게 스스로 문장을 써 보아요.**

> 일본어로 쓰는 게 막막하다면 옆 페이지를 살짝 보아요.

① 여기에 이름을 쓰시오.

✎ 　　　　　　　　を書きなさい。

ここ 여기 　～に ~에 　名前 이름 　書く 쓰다

② 운동장에 모이거라.

✎

運動場 운동장 　集まる 모이다

③ 손을 깨끗이 씻어라.

✎

手を洗う 손을 씻다 　きれいに 깨끗이

④ 자기 방은 스스로 치워라.

✎

自分 자신, 자기 　部屋 방 　自分で 스스로 　片付ける 정리정돈하다, 치우다

⑤ 학생인 이상은 공부를 가장 중요시하거라.

✎

学生 학생 　명사+である ~인 　以上 이상 　勉強 공부 　第一にする 제일로 하다, 중요시하다

148

A 明日少し遅れそうですが。

内일 조금 늦을 것 같은데요.

B なるべく早く 来なさい。

되도록 빨리 오거라.

✅ **원어민 음성을 듣고 문장을 따라 써 보아요.**

MP3 08-04

❶ 여기에 이름을 쓰시오.

🎤 ここに名前を書きなさい。

❷ 운동장에 모이거라.

🎤 運動場に集まりなさい。

❸ 손을 깨끗이 씻어라.

🎤 手をきれいに洗いなさい。

❹ 자기 방은 스스로 치워라.

🎤 自分の部屋は自分で片付けなさい。

❺ 학생인 이상은 공부를 가장 중요시하거라.

🎤 学生である以上は、勉強を第一にしなさい。

~하러 가

飲みに行く。
の　　　　　い

마시러 가.

「~に行く」는 '~하러 가다'라는 뜻으로 이동의 목적을 나타내는 패턴이에요. '~하러 오다'는 「~に来る」로 표현하면 됩니다.

☑ **먼저 패턴에 맞게 스스로 문장을 써 보아요.**

> 일본어로 쓰는 게 막막하다면 옆 페이지를 살짝 보아요.

① ·· 4시에 친구를 만나러 가요.

✎ ＿＿＿＿＿＿＿＿＿＿＿に行きます。

> 四時 4시　友達 친구　~に会う ~을/를 만나다
> よ じ　　ともだち　　　　あ

② ·· 백화점에 쇼핑하러 갑시다.

✎

> デパート 백화점　~へ ~에　買い物する 쇼핑하다　~ましょう ~합시다
> 　　　　　　　　　　　　か もの

③ ·· 공원에 산책하러 가지 않을래요?

✎

> 公園 공원　散歩する 산책하다　~ませんか ~하지 않을래요?
> こうえん　　さん ぽ

④ ·· 오늘 밤 한잔하러 가지 않을래요?

✎

> 今晩 오늘밤　一杯 한잔　飲む 마시다
> こんばん　　いっぱい　　の

⑤ ·· 공항에 어머니를 마중하러 가요.

✎

> 空港 공항　母 (나의) 어머니　迎える 맞이하다, 마중하다
> くうこう　　はは　　　　　　　むか

🔍 실전 회화 속 패턴 찾기

Ⓐ **今週末は何するの？**
こんしゅうまつ　なに

이번 주말은 뭐 해?

Ⓑ **友達と遊園地へ遊びに行くの。**
ともだち　ゆうえんち　あそ　い

친구와 놀이공원에 놀러 갈 거야.

☑ **원어민 음성을 듣고 문장을 따라 써 보아요.** MP3 08-06

❶ ·· 4시에 친구를 만나러 가요.

🎙 四時に友達に会いに行きます。

❷ ·· 백화점에 쇼핑하러 갑시다.

🎙 デパートへ買い物しに行きましょう。

❸ ·· 공원에 산책하러 가지 않을래요?

🎙 公園へ散歩しに行きませんか。

❹ ·· 오늘 밤 한잔하러 가지 않을래요?

🎙 今晩一杯飲みに行きませんか。

❺ ·· 공항에 어머니를 마중하러 가요.

🎙 空港へ母を迎えに行きます。

너무 ~해

の
飲みすぎた。

과음했어.

「～すぎる」는 '너무 ～하다', '지나치게 ～하다'라는 뜻이에요. 食べます → 食べすぎる(너무 많이 먹다)는 '과식하다',
の
飲みます → 飲みすぎる(너무 많이 마시다)는 '과음하다'로 위와 같이 동사의 ます형에 접속하는 패턴이에요.

☑ 먼저 패턴에 맞게 스스로 문장을 써 보아요.

> 일본어로 쓰는 게
> 막막하다면 옆 페이지를
> 살짝 보아요.

① 오늘은 일 때문에 너무 지쳤어.

✎ _____で疲れすぎた。

きょう   しごと
今日は 오늘은   仕事 일   ～で ～로, 때문에   疲れる 지치다, 피곤하다

② 너무 많이 먹어서 배가 불러요.

✎

なか
お腹がいっぱいだ 배가 부르다

③ 저는 생각을 너무 많이 하는 성격이에요.

✎

わたし   かんが   せいかく
私 저, 나   考える 생각하다   性格 성격

④ 너무 많이 주문해서 전부 먹을 수 없었어.

✎

ちゅうもん   ぜんぶ   た
注文する 주문하다   全部 전부   食べられなかった 먹을 수 없었다

⑤ 너무 노래를 많이 해서 이제 목소리가 안 나와.

✎

うた   こえ で
歌う 노래하다   もう 이제   声が出る 목소리가 나오다

152

Ⓐ 僕が言いすぎたよ。ごめん。

내가 너무 심하게 말했어. 미안.

Ⓑ 大丈夫。気にしてないよ。

괜찮아. 신경 안 써.

✅ **원어민 음성을 듣고 문장을 따라 써 보아요.**

❶ ‥ 오늘은 일 때문에 너무 지쳤어.

🎤 今日は仕事で疲れすぎた。

❷ ‥ 너무 많이 먹어서 배가 불러요.

🎤 食べすぎて、お腹がいっぱいです。

❸ ‥ 저는 생각을 너무 많이 하는 성격이에요.

🎤 私は考えすぎる性格です。

❹ ‥ 너무 많이 주문해서 전부 먹을 수 없었어.

🎤 注文しすぎて、全部食べられなかった。

❺ ‥ 너무 노래를 많이 해서 이제 목소리가 안 나와.

🎤 歌いすぎて、もう声が出ない。

~합시다, ~할까요?, ~하지 않을래요?

飲みましょう・ましょうか・ませんか。
の

마십시다.   마실까요?   마시지 않을래요?

「~ましょう」는 '~합시다', '~해요'라는 뜻으로 청유와 의지의 용법으로 사용할 수 있어요. 「~ましょうか」는 '~할까요?'라는 뜻으로 제안할 때 사용해요. 「~ませんか」는 '~하지 않겠습니까?', '~하지 않을래요?'라는 뜻으로 제안할 때 사용하며 ~ましょうか보다 정중한 표현입니다.

✅ 먼저 패턴에 맞게 스스로 문장을 써 보아요.

> 일본어로 쓰는 게 막막하다면 옆 페이지를 살짝 보아요.

①‥ 슬슬 돌아갑시다.

🖊 　　　　帰りましょう。

そろそろ 슬슬 　帰る 돌아가다, 귀가하다
かえ

②‥ 놀이공원에 놀러 갑시다.

🖊

遊園地 놀이공원 　遊びに行く 놀러 가다
ゆうえんち　　　　　あそ　　い

③‥ 오랜만에 영화를 볼까요?

🖊

久しぶりに 오랜만에 　映画を見る 영화를 보다
ひさ　　　　　　　　　えいが　　み

④‥ 그럼 회의를 시작할까요?

🖊

それでは 그럼 　会議 회의 　始める 시작하다
かいぎ　　　　はじ

⑤‥ 바다에 드라이브하러 가지 않을래요?

🖊

海 바다 　~へ ~에 　ドライブに行く 드라이브하러 가다
うみ　　　　　　　　　　　　　　い

A <ruby>今晩<rt>こんばん</rt></ruby>、<ruby>飲<rt>の</rt></ruby>みに<ruby>行<rt>い</rt></ruby>きませんか。

오늘 밤 마시러 가지 않을래요?

B すみません。<ruby>今日<rt>きょう</rt></ruby>はちょっと。

죄송해요. 오늘은 좀. (곤란해요)

원어민 음성을 듣고 문장을 따라 써 보아요.

1 슬슬 돌아갑시다.

そろそろ<ruby>帰<rt>かえ</rt></ruby>りましょう。

2 놀이공원에 놀러 갑시다.

<ruby>遊園地<rt>ゆうえんち</rt></ruby>に<ruby>遊<rt>あそ</rt></ruby>びに<ruby>行<rt>い</rt></ruby>きましょう。

3 오랜만에 영화를 볼까요?

<ruby>久<rt>ひさ</rt></ruby>しぶりに<ruby>映画<rt>えいが</rt></ruby>を<ruby>見<rt>み</rt></ruby>ましょうか。

4 그럼 회의를 시작할까요?

それでは、<ruby>会議<rt>かいぎ</rt></ruby>を<ruby>始<rt>はじ</rt></ruby>めましょうか。

5 바다에 드라이브하러 가지 않을래요?

<ruby>海<rt>うみ</rt></ruby>へドライブに<ruby>行<rt>い</rt></ruby>きませんか。

54

~하고 싶어, ~하고 싶어 해

(私は)飲みたい。(彼は)飲みたがっている。

(나는) 마시고 싶어.　　　　　　　　　　　(그는) 마시고 싶어해.

「~たい」는 '(내가) ~하고 싶다'라는 뜻으로 나의 희망을 나타내요. 「~たがる」는 '(제3자가) ~하고 싶어 하다'라는 제3자의 희망을 나타내요. 현시점에서 '~하고 싶어 하다'라고 표현하기에 「~たがっている」를 많이 볼 수 있습니다.

☑ 먼저 패턴에 맞게 스스로 문장을 써 보아요.

> 일본어로 쓰는 게 막막하다면 옆 페이지를 살짝 보아요.

① 한 번 홋카이도에 가 보고 싶어요.

✎ 　　　　　　　　　　へ行ってみたいです。

一度 한 번　北海道 홋카이도　行ってみる 가 보다

② 어려움을 겪고 있는 사람을 돕고 싶어요.

✎

困る 어려움을 겪다　~ている ~하고 있다　助ける 돕다

③ 아직 결혼하고 싶지 않아요.

✎

まだ 아직　結婚する 결혼하다　したくない 하고 싶지 않다

④ 그녀는 뷔페에 가고 싶어 해요.

✎

彼女 그녀　バイキング 뷔페　~に ~에　行く 가다

⑤ 누구라도 치과에 가고 싶어 하지 않아.

✎

誰でも 누구라도　歯医者 치과(치과 의사)　行きたがらない 가고 싶어 하지 않다

156

Ⓐ どうして日本語を習いたいの？

왜 일본어를 배우고 싶어?

Ⓑ 将来、日本の会社で働きたいのよ。

장래, 일본 회사에서 일하고 싶어.

☑ **원어민 음성을 듣고 문장을 따라 써 보아요.**　　MP3 08-12

❶‥ 한번 홋카이도에 가 보고 싶어요.

🎤 一度北海道へ行ってみたいです。

❷‥ 어려움을 겪고 있는 사람을 돕고 싶어요.

🎤 困っている人を助けたいです。

❸‥ 아직 결혼하고 싶지 않아요.

🎤 まだ結婚したくないです。

❹‥ 그녀는 뷔페에 가고 싶어 해요.

🎤 彼女はバイキングに行きたがっています。

❺‥ 누구라도 치과에 가고 싶어 하지 않아.

🎤 誰でも歯医者に行きたがらない。

동사ます형 패턴
55

~하기 쉬워, ~하기 어려워

の
飲みやすい・にくい。

마시기 쉬워.　　　　　마시기 어려워.

「~やすい」는 '~하기 쉽다', '~하기 편하다'라는 뜻을 나타내는 패턴이에요. 「~にくい」는 '~하기 어렵다', '~하기 불편하다'라는 뜻을 나타내는 패턴입니다.

✅ **먼저 패턴에 맞게 스스로 문장을 써 보아요.**

> 일본어로 쓰는 게 막막하다면 옆 페이지를 살짝 보아요.

① ‥ 먹기 쉬운 약 같은 건 없어요.

🖉 飲みやすい

薬を飲む 약을 먹다　なんて 같은 건　ありません 없습니다
(くすり)(の)

② ‥ 선생님 설명은 알기 쉬워.

🖉

先生 선생님　説明 설명　分かる 알다, 이해하다
(せんせい)　(せつめい)　(わ)

③ ‥ 와인 잔은 깨지기 쉬워요.

🖉

ワイングラス 와인 잔　割れる 깨지다
(わ)

④ ‥ 글자가 작아서 읽기 어려워요.

🖉

字 글자　小さい 작다　~くて ~해서　読む 읽다
(じ)　(ちい)　(よ)

⑤ ‥ 이런 길 하이힐로는 걷기 어려워요.

🖉

こんな 이런　道 길　ハイヒール 하이힐　~では ~로는　歩く 걷다
(みち)　(ある)

🔍 실전 회화 속 패턴 찾기

Ⓐ ソウルの生活はどうですか。
せいかつ

서울 생활은 어때요?

Ⓑ 物価が高くて暮しにくいです。
ぶっか　たか　　くら

물가가 비싸서 살기 힘들어요.

✅ **원어민 음성을 듣고 문장을 따라 써 보아요.**

❶‥ 먹기 쉬운 약 같은 건 없어요.

🎤 飲みやすい薬なんてありません。

❷‥ 선생님 설명은 알기 쉬워.

🎤 先生の説明は分かりやすい。

❸‥ 와인 잔은 깨지기 쉬워요.

🎤 ワイングラスは割れやすいです。

❹‥ 글자가 작아서 읽기 어려워요.

🎤 字が小さくて読みにくいです。

❺‥ 이런 길 하이힐로는 걷기 어려워요.

🎤 こんな道、ハイヒールでは歩きにくいです。

~하기 시작해, 다 ~해

<ruby>飲<rt>の</rt></ruby>み<ruby>始<rt>はじ</rt></ruby>めた・<ruby>終<rt>お</rt></ruby>わった。

마시기 시작했어.　　　　다 마셨어.

「~<ruby>始<rt>はじ</rt></ruby>める」는 '~하기 시작하다'라는 뜻으로 어떤 동작이나 변화가 시작될 때 사용해요. 「~<ruby>終<rt>お</rt></ruby>わる」는 '다 ~하다'라는 뜻으로 어떤 동작이나 사건이 끝났다는 것을 나타내는 패턴이에요.

☑ **먼저 패턴에 맞게 스스로 문장을 써 보아요.**

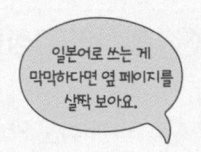
일본어로 쓰는 게
막막하다면 옆 페이지를
살짝 보아요.

① 비가 내리기 시작했어.

✎　　　　　が降り始めた。

<ruby>雨<rt>あめ</rt></ruby>が<ruby>降<rt>ふ</rt></ruby>る 비가 내리다

② 머리카락이 빠지기 시작했어.

✎

<ruby>髪<rt>かみ</rt></ruby>の<ruby>毛<rt>け</rt></ruby>が<ruby>抜<rt>ぬ</rt></ruby>ける 머리카락이 빠지다

③ 건강을 위해서 영양제를 먹기 시작했어.

✎

<ruby>健康<rt>けんこう</rt></ruby> 건강　명사+の+ために ~을 위해서　サプリメント 영양제　<ruby>飲<rt>の</rt></ruby>む (약을)먹다

④ 도서관에서 빌린 책을 오늘 다 읽었어요.

✎

<ruby>図書館<rt>としょかん</rt></ruby> 도서관　~で ~에서　<ruby>借<rt>か</rt></ruby>りる 빌리다　<ruby>本<rt>ほん</rt></ruby> 책　<ruby>今日<rt>きょう</rt></ruby> 오늘　<ruby>読<rt>よ</rt></ruby>む 읽다

⑤ 다 사용하면 원래 장소로 되돌려주세요.

✎

<ruby>使<rt>つか</rt></ruby>う 사용하다　~たら ~하면　<ruby>元<rt>もと</rt></ruby> 원래　<ruby>場所<rt>ばしょ</rt></ruby> 장소　<ruby>戻<rt>もど</rt></ruby>す 되돌리다　~てください ~해 주세요　~ね 종조사(확인, 동의)

실전 회화 속 패턴 찾기

Ⓐ ピアノ、いつから始めるの？

피아노 언제부터 시작해?

Ⓑ 来週から習い始めるよ。

다음 주부터 배우기 시작할 거야.

원어민 음성을 듣고 문장을 따라 써 보아요.

❶ 비가 내리기 시작했어.

🎤 雨が降り始めた。

❷ 머리카락이 빠지기 시작했어.

🎤 髪の毛が抜け始めた。

❸ 건강을 위해서 영양제를 먹기 시작했어.

🎤 健康のためにサプリメントを飲み始めた。

❹ 도서관에서 빌린 책을 오늘 다 읽었어요.

🎤 図書館で借りた本を今日読み終わりました。

❺ 다 사용하면 원래 장소로 되돌려주세요.

🎤 使い終わったら、元の場所に戻してくださいね。

정중한 일본어를 쓸 수 있게 되었어요.

빈칸을 채워보세요.

そろそろ＿＿＿＿＿＿＿＿。

슬슬 돌아갑시다.

きれいに＿＿＿＿＿＿＿＿。

깨끗이 씻어라.

_{いち ど ほっかいどう}
一度北海道に

＿＿＿＿＿＿＿＿＿＿＿。

한 번 홋카이도에 가 보고 싶어요.

_{じ ちい}
字が小さくて

＿＿＿＿＿＿＿＿＿＿＿。

글자가 작아서 읽기 어려워요.

• 동사 ま す 형 패 턴 •

총정리

①	～하면서	～ながら
②	～하거라	～なさい
③	～하러 가	～に行く
④	너무 ～해	～すぎる
⑤	～합시다, ～할까요?, ～하지 않을래요?	～ましょう・～ましょうか・～ませんか
⑥	～하고 싶어, ～하고 싶어 해	～たい・～たがっている
⑦	～하기 쉬워, ～하기 어려워	～やすい・～にくい
⑧	～하기 시작해, 다 ～해	～始める・～終わる

初めて ☐☐☐☐☐☐ ました。
はじ

처음으로 ☐☐☐☐☐ 했어요.

初めてご飯を炊きました。
はん　た

처음으로 밥을 지었어요.

初めてキムチを漬けました。
つ

처음으로 김치를 담갔어요.

初めてお弁当を作りました。
べんとう　つく

처음으로 도시락을 쌌어요.

初めて日本へ来ました。
に ほん　き

처음으로 일본에 왔어요.

初めて優勝しました。
ゆうしょう

처음으로 우승했어요.

　누구나 처음은 있을 거예요. 처음으로 경험해 본 것, 처음으로 했던 행동들을 어떻게 일본어로 표현할 수 있을까요? 어려운 표현을 쓸 것 같지만 「初めて」(처음, 처음으로)부사를 활용하여 「初めて ～ました」 패턴으로 쉽게 말할 수 있어요.
はじ

회화가 진짜 안 늘어 고민인 나

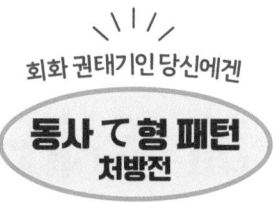

회화 권태기인 당신에겐

동사 て형 패턴
처방전

안정제

멍 때리기

새로움

비타민

회화가 안 늘어 많이 힘드신가 보네요. 지금까지 너무 달리기만 해서 많이 지치셨나 봐요. 지금은 '정체기'로 생각됩니다. 계단을 오르기 전 머물러 있는 그 순간이에요. 조금만 더 노력하면 크게 점프할 수 있는 순간 말이죠. 일단은 안정제 캡슐을 드시고 우리 차분하게 생각을 해 봐요. 내 회화 실력이 향상된다면, 계속할 마음이 있으신가요? 제 생각에는 진짜 접으려는 사람은 고민도 하지 않고 이미 멀리 떠나있을 겁니다. 그만큼 일본어에 애정이 많고 회화를 잘하고 싶은 열망이 있는 거예요. 지금은 몸도 마음도 많이 지친 상태이니 '멍 때리기' 물약을 먹고 아무 생각도 하지 말아요.

안정이 되면 새로운 환경을 찾아 주세요. 일본어 회화 모임도 적극적으로 찾아보시고, 일본어 메신저 어플로 일본인 친구도 만들면서 회화를 할 수 있는 모든 방법을 모색해 주세요. 새로움 캡슐을 몽땅 먹어 주세요. 그리고 꼭 기억해 주세요. 지금이 성장하기 위한 바로 직전이라는 걸요. 이번 파트에서는 て형 패턴을 배우며 제자리걸음에서 벗어나 성장할 수 있게 도와드릴 게요!

●동사 て형 패턴●
57

~해 주세요

ゆっくり休んでください。

푹 쉬세요.

「~てください」는 '~해 주세요', '~하세요'로 「ください」를 빼면 「~て」(~해 줘)라는 반말 패턴이 됩니다. 남에게 무언가를 부탁할 때 쓰는 패턴이에요. 「~てくれ」(~해 줘) 표현도 있는데 이것은 주로 남성이 많이 쓰는 표현이에요. 예를 들어 「待ってくれ」(기다려 줘)로 쓸 수 있어요.

✅ **먼저 패턴에 맞게 스스로 문장을 써 보아요.**

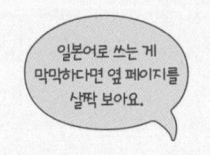

일본어로 쓰는 게 막막하다면 옆 페이지를 살짝 보아요.

① 시간이 없으니까 빨리 가져와 줘.

持ってきて。

時間がない 시간이 없다   ～から ~때문에, 이니까   早く 빨리   持ってくる 가지고 오다

② 커튼 쳐 줘.

カーテンをしめる 커튼을 치다

③ 푹 쉬세요.

ゆっくり休む 푹 쉬다

④ 잘 씻고 나서 사용하세요.

よく洗う 잘 씻다   ～てから ~하고 나서   使う 사용하다

⑤ 여기에 표를 넣어 주세요.

ここ 여기   ～に ~에   切符 표   入れる 넣다

Ⓐ ちょっと来て手伝って。

잠시 와서 도와줘.

Ⓑ 今忙しいから、ちょっと待って。

지금 바쁘니까 잠시 기다려 줘.

☑️ 원어민 음성을 듣고 문장을 따라 써 보아요.　MP3 09-02

❶·· 시간이 없으니까 빨리 가져와 줘.

🎤 時間がないから早く持ってきて。

❷·· 커튼 쳐 줘.

🎤 カーテンしめて。

❸·· 푹 쉬세요.

🎤 ゆっくり休んでください。

❹·· 잘 씻고 나서 사용하세요.

🎤 よく洗ってから使ってください。

❺·· 여기에 표를 넣어 주세요.

🎤 ここに切符を入れてください。

~해 주길 바라

そばにいてほしい。

곁에 있어주길 바라.

「～てほしい」는 '～해 주길 바라다', '원하다'라는 뜻으로 상대에게 바라는 요구 사항을 구체적으로 표현할 때 사용해요. 우리가 아는 ほしい(원하다, 바라다) 형용사에 て형이 붙은 거예요. 「指輪がほしい」(반지를 원해)는 내가 원하는 것을 나타내며, 「指輪を買ってほしい」(반지를 사주길 원해)는 남이 나에게 해 주길 원하는 것을 나타냅니다.

✓ **먼저 패턴에 맞게 스스로 문장을 써 보아요.**

> 일본어로 쓰는 게 막막하다면 옆 페이지를 살짝 보아요.

① ·· 누군가 내 곁에 있어주길 바라.

🖉   いてほしい。

誰か 누군가   そば 옆, 곁   いる 있다

② ·· 그가 자신의 전공을 살렸으면 해요.

🖉

彼 그   自分 자신   専攻を活かす 전공을 살리다

③ ·· 빨리 여름방학이 오길 바라.

🖉

早く 빨리   夏休み 여름방학   来る 오다

④ ·· 회사까지 데리러 와 주길 바라.

🖉

会社 회사   迎えに来る 데리러 오다

⑤ ·· 이 이야기는 아무에게도 말하지 않길 바라.

🖉

この 이   話 이야기   誰にも 아무에게도   言う 말하다   ～ないでほしい ~하지 않길 바래

Ⓐ ほかに何かないでしょうか。

이외에(도울 일) 무언가 없을까요?

Ⓑ あ、こっちの荷物も片付てほしいんですけど。

아, 이쪽 짐도 정리해 주었으면 하는데요.

☑️ **원어민 음성을 듣고 문장을 따라 써 보아요.**

❶ ·· 누군가 내 곁에 있어주길 바라.

🎤 誰か私のそばにいてほしい。

❷ ·· 그가 자신의 전공을 살렸으면 해요.

🎤 彼が自分の専攻を活かしてほしいです。

❸ ·· 빨리 여름방학이 오길 바라.

🎤 早く夏休みが来てほしい。

❹ ·· 회사까지 데리러 와 주길 바라.

🎤 会社まで迎えに来てほしい。

❺ ·· 이 이야기는 아무에게도 말하지 않길 바라.

🎤 この話は誰にも言わないでほしい。

~해서 다행이야

君<ruby>きみ</ruby>がいてよかった。

너가 있어 다행이야.

「~てよかった」는 '~해서 다행이다', '~하길 잘했다' 패턴이에요. 일어난 일이나 한 일에 대한 기쁨, 다행스러움을 나타냅니다.

✅ **먼저 패턴에 맞게 스스로 문장을 써 보아요.**

> 일본어로 쓰는 게
> 막막하다면 옆 페이지를
> 살펴 보아요.

① 당신을 만날 수 있어서 다행이야.

> 🖊 　　　　に会えてよかった。

あなた 당신　～に会<ruby>あ</ruby>う ~을/를 만나다　会<ruby>あ</ruby>える 만날 수 있다

② 무사히 돌아와서 다행이야.

> 🖊

無事<ruby>ぶじ</ruby>に 무사히　帰<ruby>かえ</ruby>ってくる 돌아오다

③ 큰일 없어서 다행이야.

> 🖊

大<ruby>たい</ruby>したこと 큰일　なくて 없어서

④ 그와 헤어지길 잘했다고 생각해요.

> 🖊

彼<ruby>かれ</ruby> 그　～と ~와/과　別<ruby>わか</ruby>れる 헤어지다　～と思<ruby>おも</ruby>う ~라고 생각하다

⑤ 도중에 그만두지 않아서 다행이에요.

> 🖊

途中<ruby>とちゅう</ruby>で 도중에　やめる 그만두다　やめなくて 그만두지 않아서

Ⓐ **雨降ってるね。**
あめ ふ

비 내리네.

Ⓑ **やっぱり傘持ってきてよかった。**
かさ も

역시 우산 가지고 오길 잘했어.

✅ **원어민 음성을 듣고 문장을 따라 써 보아요.** MP3 09-06

❶ ‥ 당신을 만날 수 있어서 다행이야.

🎤 あなたに会えてよかった。

❷ ‥ 무사히 돌아와서 다행이야.

🎤 無事に帰ってきてよかった。

❸ ‥ 큰일 없어서 다행이야.

🎤 大したことなくてよかった。

❹ ‥ 그와 헤어지길 잘했다고 생각해요.

🎤 彼と別れてよかったと思います。

❺ ‥ 도중에 그만두지 않아서 다행이에요.

🎤 途中でやめなくてよかったです。

~하고 있어

いま なに
今何してる?

지금 뭐 하고 있어?

동작이나 사건 등을 나타내는 동사에 「~ている」가 붙으면 '~하고 있다'는 진행의 뜻이 됩니다. 회화체에서는 ~ている의 い가 탈락된 「~てる」의 형태로 쓸 수 있어요.

✓ **먼저 패턴에 맞게 스스로 문장을 써 보아요.**

> 일본어로 쓰는 게 막막하다면 옆 페이지를 살짝 보아요.

① ·· 라멘을 먹고 있어요.

🖊
を食べています。

ラーメン 라멘　食べる 먹다

② ·· 휴대폰 울리고 있어.

🖊

けいたい
携帯 휴대폰　なる 울리다　よ 종조사(강조)

③ ·· 길이 굉장히 막히네.

🖊

みち こ
道が込む 길이 붐비다, 막히다　すごく 굉장히　ね 종조사(확인, 동의)

④ ·· 친구와 이야기하고 있어.

🖊

ともだち はな
友達 친구　~と ~와/과　話す 이야기하다

⑤ ·· 차를 마시고 있어요.

🖊

ちゃ の
お茶 차　飲む 마시다

172

Ⓐ お仕事は何をしていますか。

어떤 일을 하고 있어요?

Ⓑ 去年までは教師をしていましたが、今は何もしていません。

지난해까지는 교사를 하고 있었지만, 지금은 아무것도 안 해요.

✓ 원어민 음성을 듣고 문장을 따라 써 보아요.　MP3 09-08

❶ ‥ 라멘을 먹고 있어요.

🎤 ラーメンを食べています。

❷ ‥ 휴대폰 울리고 있어.

🎤 携帯なってるよ。

❸ ‥ 길이 굉장히 막히네.

🎤 道がすごく込んでるね。

❹ ‥ 친구와 이야기하고 있어.

🎤 友達と話している。

❺ ‥ 차를 마시고 있어요.

🎤 お茶を飲んでいます。

•동사 て형 패턴•

61

~되어 있어

うえ　　　　　お
つくえの上に置いてある。

책상 위에 놓여 있어.

「자동사＋ている」, 「타동사＋てある」 둘 다 '~되어 있다'는 상태를 나타냅니다. 「窓が開いている」는 자연적인 결과로 눈앞의 창문이 열려 있는 상황을 단순히 설명하며, 「窓が開けてある」는 누군가 창문을 열고 간 인위적인 행동을 나타냅니다.

✅ **먼저 패턴에 맞게 스스로 문장을 써 보아요.**

> 일본어로 쓰는 게 막막하다면 옆 페이지를 살짝 보아요.

① 문이 잠겨 있어요.

🖊 　　　　がかかっています。

かぎがかかる 열쇠(문)가 잠기다

② 불이 꺼져 있어요.

🖊

でん き　　　き
電気が消える 전기(불)가 꺼지다

③ 지갑은 의자 위에 놓여 있어요.

🖊

さい ふ　　　　　い す　　　　うえ　　　　　お
財布 지갑　椅子 의자　上に 위에　置く 놓다, 두다　よ 종조사(강조)

④ 호텔은 이미 예약되어 있어요.

🖊

ホテル 호텔　もう 이미　よ やく
予約する 예약하다

⑤ 벽에 포스터가 붙여져 있어요.

🖊

かべ
壁 벽　ポスター 포스터　は
貼る 붙이다

Ⓐ 鍵はどこにあるの？
かぎ

열쇠는 어디에 있어?

Ⓑ 引き出しの中にしまってあるよ。
ひ だ なか

서랍 안에 넣어져 있어.

✅ 원어민 음성을 듣고 문장을 따라 써 보아요.

MP3 09-10

❶·· 문이 잠겨 있어요.

🎤 かぎがかかっています。

❷·· 불이 꺼져 있어요.

🎤 電気が消えています。

❸·· 지갑은 의자 위에 놓여 있어요.

🎤 財布は椅子の上に置いてありますよ。

❹·· 호텔은 이미 예약되어 있어요.

🎤 ホテルはもう予約してあります。

❺·· 벽에 포스터가 붙여져 있어요.

🎤 壁にポスターが貼ってあります。

~해 둬

コピーしておく。

복사해 둘게.

「〜ておく」는 '〜해 두다'의 뜻으로 의도적으로 준비한 동작을 나타내는 패턴이에요. '미리 〜해 두다'의 느낌으로 이해하면 쉬워요. 〜ておく를 회화체에서 줄여서 「〜とく」로 표현할 수 있어요.

✅ 먼저 패턴에 맞게 스스로 문장을 써 보아요.

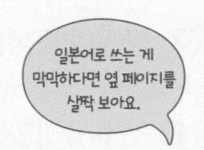
일본어로 쓰는 게
막막하다면 옆 페이지를
살짝 보아요.

① ·· 수업 전에 모르는 단어는 조사해 둘게요.

🖊   は調べておきます。

じゅぎょう
授業 수업　前に 전에　分からない 모르다　単語 단어　調べる 조사하다
まえ　　　　　　　わ　　　　　　　　　　　　　　たんご　　　しら

② ·· 먹기 전에 손을 씻어 둘게.

🖊

た　　　　　まえ　　　　て　あら
食べる 먹다　前に 전에　手を洗う 손을 씻다　〜ておく＝〜とく 〜해 두다

③ ·· 내일 회의 자료는 오늘 중으로 복사해 둘게요.

🖊

あした　　かいぎ　　　しりょう　きょうじゅう
明日 내일　会議 회의　資料 자료　今日中に 오늘 중으로　コピーする 복사하다

④ ·· 이것은 냉동고에 넣어 둡시다.

🖊

れいとうこ　　　い
これ 이것　冷凍庫 냉동고　入れる 넣다　〜ましょう 〜합시다

⑤ ·· 잠시 거기에 놓아두어 주세요.

🖊

お
ちょっと 잠시　そこに 거기에　置く 두다, 놓다　〜てください 〜해 주세요

🔍 실전 회화 속 패턴 찾기

Ⓐ ここにあったサラダは？

여기에 있던 샐러드는?

れいぞう こ　なか　い
Ⓑ 冷蔵庫の中に入れといたよ。

냉장고 안에 넣어 뒀어.

✅ **원어민 음성을 듣고 문장을 따라 써 보아요.**　

❶‥ 수업 전에 모르는 단어는 조사해 둘게요.

🎤 授業の前に分からない単語は調べておきます。

❷‥ 먹기 전에 손을 씻어 둘게.

🎤 食べる前に手を洗っとく。

❸‥ 내일 회의 자료는 오늘 중으로 복사해 둘게요.

🎤 明日の会議の資料は今日中にコピーしておきます。

❹‥ 이것은 냉동고에 넣어 둡시다.

🎤 これは冷凍庫に入れておきましょう。

❺‥ 잠시 거기에 놓아두어 주세요.

🎤 ちょっとそこに置いといてください。

~해 봐

比^{くら}べてみる。

비교해 볼게.

「~てみる」는 '~해 보다'의 뜻으로 무언가를 시도해 볼 때 쓰는 패턴이에요. 여기의 みる는 '눈으로 보다'의 의미가 아니라 '시도해 보다', '직접 해 보다'라는 의미입니다.

☑️ **먼저 패턴에 맞게 스스로 문장을 써 보아요.**

> 일본어로 쓰는 게
> 막막하다면 옆 페이지를
> 살짝 보아요.

①·· 내일 선생님에게 물어 봅시다.

🖊️　　　　　　に聞いてみましょう。

明日^{あした} 내일　先生^{せんせい} 선생님　~に ~에게　聞^きく 듣다, 묻다　~ましょう ~합시다

②·· 다시 한 번 전화해서 확인해 볼게요.

🖊️

もう一度^{いちど} 다시 한번　電話^{でんわ} 전화　確^{たし}かめる 확인하다

③·· 인터넷으로 가격을 비교해 볼게요.

🖊️

インターネット＝ネット 인터넷　~で ~으로　値段^{ねだん} 가격　比^{くら}べる 비교하다

④·· 직접 전화로 문의해 보는 게 어때요?

🖊️

直接^{ちょくせつ} 직접　問^とい合^あわせる 문의하다　~たらどうですか ~하는 게 어때요?

⑤·· 레시피를 보고 만들어 봤습니다만 실패했어요.

🖊️

レシピ 레시피　見^みる 보다　作^{つく}る 만들다　~ましたが ~했습니다만　失敗^{しっぱい} 실패

Q | 실전 회화 속 패턴 찾기

A 勉強会をするのはどうでしょうか。
べんきょうかい

스터디를 하는 건 어떨까요?

B いいですね。とりあえず何人かに声をかけてみます。
なんにん　　こえ

좋네요. 우선 몇 명에게 권유해 볼게요.

✓ 원어민 음성을 듣고 문장을 따라 써 보아요.

❶ ·· 내일 선생님에게 물어봅시다.

🎤 明日先生に聞いてみましょう。

❷ ·· 다시 한 번 전화해서 확인해 볼게요.

🎤 もう一度電話して確かめてみます。

❸ ·· 인터넷으로 가격을 비교해 볼게요.

🎤 ネットで値段を比べてみます。

❹ ·· 직접 전화로 문의해 보는 게 어때요?

🎤 直接電話で問い合わせてみたらどうですか。

❺ ·· 레시피를 보고 만들어 봤습니다만 실패했어요.

🎤 レシピを見て作ってみましたが、失敗しました。

~해 버려

忘れてしまった。

잊어 버렸어.

「～てしまう」는 '～해 버리다'라는 뜻으로 어떤 동작의 완료 혹은 후회, 유감을 나타내는 패턴이에요. 회화체에서 ～てしまう를 「～ちゃう」로, ～でしまう를 「～じゃう」로 축약할 수 있어요.(食べてしまう → 食べちゃう, 飲んでしまう → 飲んじゃう)

✅ **먼저 패턴에 맞게 스스로 문장을 써 보아요.**

> 일본어로 쓰는 게 막막하다면 옆 페이지를 살짝 보아요.

① 이 영화 시리즈는 하루 만에 전부 봐 버렸어요.

> ✏️   見てしまいました。

映画 영화   シリーズ 시리즈   一日で 하루에, 하루 만에   全部 전부

② 길을 착각해 버렸어.

> ✏️

道 길   間違える 착각하다, 틀리다

③ 먹지 않을 작정이었지만 먹어 버렸어.

> ✏️

食べる 먹다   ～つもりだったが ～작정이었지만   ～てしまった＝～ちゃった ～해 버렸다

④ 모두 먼저 가 버렸어.

> ✏️

みんな 모두   先に 먼저   行く 가다   ～てしまった＝～ちゃった ～해 버렸다

⑤ 주인공이 죽어 버린 드라마.

> ✏️

主人公 주인공   死んでしまった＝死んじゃった 죽어 버렸다   ドラマ 드라마

Ⓐ どうして来<ruby>来<rt>こ</rt></ruby>なかったの？

어째서 안 왔어?

Ⓑ <ruby>朝寝坊<rt>あさ ね ぼう</rt></ruby>しちゃった。ごめん。

늦잠 자 버렸어. 미안.

✓ **원어민 음성을 듣고 문장을 따라 써 보아요.**　MP3 09-16

❶·· 이 영화 시리즈는 하루 만에 전부 봐 버렸어요.

🎤 この映画のシリーズは一日で全部見てしまいました。

❷·· 길을 착각해 버렸어.

🎤 道を間違えてしまった。

❸·· 먹지 않을 작정이었지만 먹어 버렸어.

🎤 食べないつもりだったが、食べちゃった。

❹·· 모두 먼저 가 버렸어.

🎤 みんな先に行っちゃった。

❺·· 주인공이 죽어 버린 드라마.

🎤 主人公が死んじゃったドラマ。

~해 가, ~해 와

連れていく・てくる。

데리고 가.　　　　　데리고 와.

「~ていく」는 '~해 가다'의 뜻으로 이동, 계속, 변화, 소멸을 나타내는 패턴이에요. 「~てくる」는 '~해 오다'라는 뜻으로 이동, 계속, 변화, 출현을 나타내는 패턴이에요.

✅ **먼저 패턴에 맞게 스스로 문장을 써 보아요.**

> 일본어로 쓰는 게 막막하다면 옆 페이지를 살짝 보아요.

① 결혼하고 나서도 일을 계속해 갈 거예요.

🖊 　　　　　　　　　　を続けていきます。

結婚 결혼　~てからも ~하고 나서도　仕事 일　続ける 계속하다, 지속하다

② 모두 점점 어른이 되어 갔어.

🖊

みんな 모두　だんだん 점점　大人 어른　명사+になる ~이/가 되다

③ 멀리서부터 바다가 보여 왔어.

🖊

遠くから 멀리서부터　海 바다　見える 보이다

④ 꽤 따뜻해졌어요.

🖊

だいぶ 꽤, 상당히　暖かい 따뜻하다　暖かくなる 따뜻해지다

⑤ 서울 생활에 익숙해졌어요.

🖊

ソウル 서울　生活 생활　~に慣れる ~에 익숙해지다

실전 회화 속 패턴 찾기

A この頃お腹が出てきたの。

요즘 배가 나왔어.

B そう？私も。一緒にダイエットしよう。

그래? 나도. 같이 다이어트하자.

원어민 음성을 듣고 문장을 따라 써 보아요.

1 결혼하고 나서도 일을 계속해 갈 거예요.

🎤 結婚してからも仕事を続けていきます。

2 모두 점점 어른이 되어 갔어.

🎤 みんなだんだん大人になっていった。

3 멀리서부터 바다가 보여 왔어.

🎤 遠くから海が見えてきた。

4 꽤 따뜻해졌어요.

🎤 だいぶ暖かくなってきました。

5 서울 생활에 익숙해졌어요.

🎤 ソウルの生活に慣れてきました。

·동사て형 패턴·
66

~해도 돼, ~해서는 안 돼

捨ててもいい・てはだめ。

버려도 돼.   버려서는 안 돼.

「〜てもいい」는 '〜해도 좋다', '〜해도 된다'의 뜻으로 허가를 나타내는 패턴이에요. 「〜てはだめだ」는 '〜해서는 안 된다'라는 뜻으로 금지를 나타내는 패턴입니다. 회화체에서 「〜てはだめ」(〜해서는 안 돼)의 형태로도 쓸 수 있어요.

✅ **먼저 패턴에 맞게 스스로 문장을 써 보아요.**

> 일본어로 쓰는 게 막막하다면 옆 페이지를 살짝 보아요.

① ·· 이거 버려도 돼?

🖊   捨ててもいい？

これ 이것   捨てる 버리다

② ·· 뭐든지 자유롭게 먹어도 돼.

🖊

何でも 뭐든지   自由に 자유롭게   食べる 먹다   よ 종조사(강조)

③ ·· 여기에 차를 세워도 돼요?

🖊

ここ 여기   〜に 〜에   車 차   止める 세우다

④ ·· 이런 곳에서 자서는 안 돼요.

🖊

こんな 이런   ところ 곳   〜で 〜에서   寝る 자다

⑤ ·· 남에게 폐를 끼쳐서는 안 돼.

🖊

人 남   〜に 〜에게   迷惑をかける 폐를 끼치다

Ⓐ 夜遅く 電話してもいいかな。
よるおそ　でんわ

밤늦게 전화해도 되려나?

Ⓑ もちろん、いつでもかまわないよ。

물론, 언제라도 상관없어.

☑ 원어민 음성을 듣고 문장을 따라 써 보아요.　MP3 09-20

❶·· 이거 버려도 돼?

🎤 これ捨ててもいい？

❷·· 뭐든지 자유롭게 먹어도 돼.

🎤 何でも自由に食べてもいいよ。

❸·· 여기에 차를 세워도 돼요?

🎤 ここに車を止めてもいいですか。

❹·· 이런 곳에서 자서는 안 돼요.

🎤 こんなところで寝てはだめですよ。

❺·· 남에게 폐를 끼쳐서는 안 돼.

🎤 人に迷惑をかけてはだめ。

이제 다시 회화가 재밌어졌어요.

빈칸을 채워보세요.

カーテン＿＿＿＿。
커튼 쳐 줘.

<ruby>携帯<rt>けいたい</rt></ruby>＿＿＿＿＿。
휴대폰 울리고 있어.

<ruby>大<rt>たい</rt></ruby>したことなく＿＿＿＿＿。
큰일 없어서 다행이야.

<ruby>誰<rt>だれ</rt></ruby>か<ruby>私<rt>わたし</rt></ruby>のそばにい＿＿＿＿。
누군가 내 곁에 있어주길 바래.

•동사 て형 패턴•

총정리

①	~해 주세요	~てください
②	~해 주길 바래	~てほしい
③	~해서 다행이야	~てよかった
④	~하고 있어	~ている
⑤	~되어 있어	~てある
⑥	~해 둬	~ておく
⑦	~해 봐	~てみる
⑧	~해 버려	~てしまう
⑨	~해 가, ~해 와	~ていく・~てくる
⑩	~해도 돼, ~해서는 안 돼	~てもいい・~てはだめ

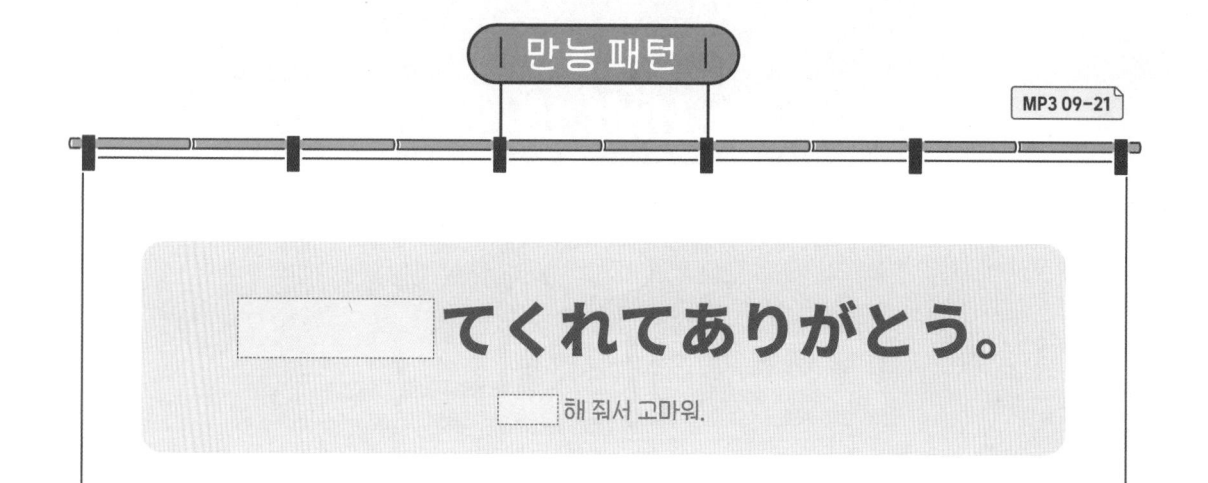

☐☐☐☐☐ てくれてありがとう。

☐☐ 해 줘서 고마워.

て つだ
手伝ってくれてありがとう。

도와줘서 고마워.

さそ
誘ってくれてありがとう。

권유해 줘서 고마워.

しょうたい
招待してくれてありがとう。

초대해 줘서 고마워.

き
わざわざ来てくれてありがとう。

일부러 와 줘서 고마워.

むか き
迎えに来てくれてありがとう。

데리러 와 줘서 고마워.

주위 사람들에게 생각보다 도움을 받는 경우가 많아요. 그때마다 「ありがとう」(고마워)라고 짧게 말할 수도 있지만 좀 더 마음을 담아 길게 말할 수 있는 패턴입니다. '날 위해서 ~해 줘서 고마워'라는 표현으로, 동사의 て형에 접속해요. 다른 사람에게 마음을 표현할 수 있는 만능 패턴이지요.

Unit 10

자꾸 뒤돌아보는
찝찝한 회화를 하는 나

찝찝한 회화를 하는 당신에겐

동사 た형 패턴
처방전

괜찮아 물약 🧪🧪

대범함 💊💊💊

셀프 인정 💊💊💊

'나' 믿음 💊

사실 고백하나하자면요, 선생님도 회화를 할 때마다 늘 신경이 쓰인답니다. '여기선 이 단어를 써야 했는데', '더 좋은 표현이 있는데' 하면서 지금도 연연하고 있어요. 누구나 겪는 일이겠지만 이런 미련이 다음 회화에서까지 영향을 끼친다면 문제가 다르겠죠.

처음부터 완벽주의자가 되지 맙시다! "이제부터 난 일단 내뱉을 거다. 알아듣는 건 너희들의 몫이야. 잘 부탁해" 개떡같이 말해도 찰떡처럼 잘 알아 들어줄 거라는 '대범함'을 가져주세요. 틀려도 안 죽습니다. 그러니 '나' 믿음 가루약을 먹고 자신감 있게 마구마구 말해 주세요. 제가 앞서 말씀드렸듯이 찝찝함은 일상입니다. 일본인도 완벽하게 말하지 않고 문법적으로도 틀린 것 투성입니다. 찝찝함이 완벽으로 그리고 확신으로 바뀔 그때가 올 것이니 꾸준히 공부해 주세요^^ 이번 파트에서는 た형(과거형) 패턴을 배울 거예요. 더 이상 과거에 연연하지 않겠다는 선생님의 의지와 학습자님의 소망을 담아 만들었으니 우리 열심히 공부해 봐요.

67

~한 후에

掃除をした後で
そうじ　　　　あと

청소를 한 후에

「～た後で」는 '~한 후에'라는 뜻으로 앞일을 끝내고 다음 일을 한다는 전후 상황, 순서를 나타내요.

☑ 먼저 패턴에 맞게 스스로 문장을 써 보아요.

> 일본어로 쓰는 게
> 막막하다면 옆 페이지를
> 살짝 보아요.

① 목욕을 한 후에 맥주를 마셔요.

✎　　　　　　に入った後で

お風呂に入る 목욕을 하다　ビールを飲む 맥주를 마시다
ふ ろ　はい　　　　　　　　　　　の

② 영화를 본 후에 식사하러 가지 않을래요?

✎

映画を見る 영화를 보다　食事に行く 식사하러 가다
えい が　み　　　　　　　　しょく じ　い

③ 회사가 끝난 후에 피아노를 배우러 가요.

✎

会社 회사　終わる 끝나다　ピアノ 피아노　習いに行く 배우러 가다
かいしゃ　　　　お　　　　　　　　　　　　　なら　　い

④ 결혼은 취직한 후에 생각할게요.

✎

結婚 결혼　就職 취직　考える 생각하다, 고려하다
けっこん　　しゅうしょく　　かんが

⑤ 화장실에 간 후에는 반드시 손을 씻을 것.

✎

トイレ 화장실　行く 가다　必ず 반드시　手を洗う 손을 씻다　동사+こと ~할 것
い　　　　かなら　　　　て　あら

Ⓐ <ruby>映画<rt>えいが</rt></ruby>を<ruby>見<rt>み</rt></ruby>た<ruby>後<rt>あと</rt></ruby>で<ruby>何<rt>なに</rt></ruby>したい？

영화를 본 후에 뭐 하고 싶어?

Ⓑ <ruby>何<rt>なに</rt></ruby>かおいしいもの<ruby>食<rt>た</rt></ruby>べたい。

무언가 맛있는 거 먹고 싶어.

✓ **원어민 음성을 듣고 문장을 따라 써 보아요.**

MP3 10-02

❶ 목욕을 한 후에 맥주를 마셔요.

🎤 お風呂に入った後でビールを飲みます。

❷ 영화를 본 후에 식사하러 가지 않을래요?

🎤 映画を見た後で食事に行きませんか。

❸ 회사가 끝난 후에 피아노를 배우러 가요.

🎤 会社が終わった後で、ピアノを習いに行きます。

❹ 결론은 취직한 후에 생각할게요.

🎤 結婚は就職した後で考えます。

❺ 화장실에 간 후에는 반드시 손을 씻을 것.

🎤 トイレに行った後は必ず手を洗うこと。

~한 채

<ruby>目<rt>め</rt></ruby>を<ruby>開<rt>あ</rt></ruby>けたまま

눈을 뜬 채

「~たまま」는 '~한 채로', '~한 상태로'라는 뜻으로 어떤 상태가 유지되는 상황에서 다른 행동이 이루어지는 것을 나타내는 패턴이에요.

☑ **먼저 패턴에 맞게 스스로 문장을 써 보아요.**

일본어로 쓰는 게
막막하다면 옆 페이지를
살짝 보아요.

①·· 눈을 뜬 채 자고 있어.

🖊 　　　を開けたまま

<ruby>目<rt>め</rt></ruby>を<ruby>開<rt>あ</rt></ruby>ける 눈을 뜨다　<ruby>寝<rt>ね</rt></ruby>る 자다

②·· 안경을 낀 채 얼굴을 씻어 버렸어.

🖊

<ruby>眼鏡<rt>めがね</rt></ruby>をかける 안경을 끼다　<ruby>顔<rt>かお</rt></ruby>を<ruby>洗<rt>あら</rt></ruby>う 얼굴을 씻다　~てしまう ~해 버리다

③·· 신을 신은 채 방에 들어왔어.

🖊

<ruby>靴<rt>くつ</rt></ruby> 구두, 신　<ruby>履<rt>は</rt></ruby>く 신다　<ruby>部屋<rt>へや</rt></ruby> 방　<ruby>入<rt>はい</rt></ruby>ってくる 들어오다

④·· 이어폰을 낀 채로 자 버렸어.

🖊

イヤホンをつける 이어폰을 끼다

⑤·· 아들은 아침, 집을 나간 채 아직 돌아오지 않았어.

🖊

<ruby>息子<rt>むすこ</rt></ruby> 아들　<ruby>朝<rt>あさ</rt></ruby> 아침　<ruby>家<rt>いえ</rt></ruby>を<ruby>出<rt>で</rt></ruby>る 집을 나가다　まだ 아직　<ruby>帰<rt>かえ</rt></ruby>ってくる 돌아오다

🔍 실전 회화 속 패턴 찾기

Ⓐ 風邪ひいたの？
<small>かぜ</small>

감기 걸렸어?

Ⓑ うん、夕べ窓開けたまま寝ちゃってね。
<small>ゆう まど あ ね</small>

응, 어젯밤 창문을 연 채로 자 버려서.

✅ **원어민 음성을 듣고 문장을 따라 써 보아요.**

❶ ·· 눈을 뜬 채 자고 있어.

🎤 目を開けたまま寝ている。

❷ ·· 안경을 낀 채 얼굴을 씻어 버렸어.

🎤 眼鏡をかけたまま顔を洗ってしまった。

❸ ·· 신을 신은 채 방에 들어왔어.

🎤 靴を履いたまま部屋に入ってきた。

❹ ·· 이어폰을 낀 채로 자 버렸어.

🎤 イヤホンをつけたまま寝てしまった。

❺ ·· 아들은 아침, 집을 나간 채 아직 돌아오지 않았어.

🎤 息子は朝、家を出たまままだ帰ってこない。

막 ~했어

<ruby>入社<rt>にゅうしゃ</rt></ruby>したばかりだ。

막 입사했어.

「~たばかりだ」는 '막 ~했다', '~한 지 얼마 안 된다'라는 뜻으로 동작이나 사건이 일어나고 나서 시간이 얼마 지나지 않았다는 것을 나타내는 패턴이에요.

✓ **먼저 패턴에 맞게 스스로 문장을 써 보아요.**

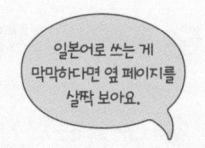
일본어로 쓰는 게
막막하다면 옆 페이지를
살짝 보아요.

① 수업이 막 끝났어요.

🖊 　　　　が終わったばかりです。

<ruby>授業<rt>じゅぎょう</rt></ruby> 수업　<ruby>終<rt>お</rt></ruby>わる 끝나다

② 우리 집에 막 태어난 강아지가 있어.

🖊

うち 우리 집　<ruby>生<rt>う</rt></ruby>まれる 태어나다　<ruby>子犬<rt>こいぬ</rt></ruby> 강아지　いる (사람, 동물이) 있다

③ 조금 전 막 만들었기 때문에 요리는 아직 따뜻해.

🖊

さっき 조금 전　<ruby>作<rt>つく</rt></ruby>る 만들다　<ruby>料理<rt>りょうり</rt></ruby> 요리　まだ 아직　<ruby>温<rt>あたた</rt></ruby>かい 따뜻하다

④ 일본에 막 왔기 때문에 일본어는 못해요.

🖊

<ruby>来<rt>く</rt></ruby>る 오다　<ruby>日本語<rt>にほんご</rt></ruby> 일본어　<ruby>下手<rt>へた</rt></ruby>だ 서툴다, 못하다

⑤ 커피는 조금 전 막 마셨기 때문에 괜찮아요.

🖊

コーヒー 커피　さっき 조금 전　<ruby>飲<rt>の</rt></ruby>む 마시다　~たばかりなので 막 ~했기 때문에　<ruby>結構<rt>けっこう</rt></ruby>です 괜찮아요(정중한 사양)

194

Ⓐ 赤ちゃん、誰に似ていますか。
あか　　　　　だれ　　に

아기 누구 닮았어요?

Ⓑ 生まれたばかりなので、まだ分かりませんよ。
う　　　　　　　　　　　　　　　　わ

태어난 지 얼마 안 되어서 아직 모르겠어요.

✅ **원어민 음성을 듣고 문장을 따라 써 보아요.**　　MP310-06

❶ ·· 수업이 막 끝났어요.

🎤 授業が終わったばかりです。

❷ ·· 우리 집에 막 태어난 강아지가 있어.

🎤 うちに生まれたばかりの子犬がいる。

❸ ·· 조금 전 막 만들었기 때문에 요리는 아직 따뜻해.

🎤 さっき作ったばかりなので、料理はまだ温かい。

❹ ·· 일본에 막 왔기 때문에 일본어는 못해요.

🎤 日本に来たばかりなので、日本語は下手です。

❺ ·· 커피는 조금 전 막 마셨기 때문에 괜찮아요.

🎤 コーヒーはさっき飲んだばかりなので、結構です。

~한 적이 있어

たこ焼き食べたことがある？

다코야키 먹은 적이 있어?

「〜たことがある」는 '〜한 적이 있다'라는 뜻으로 과거에 어떤 일을 한 적이 있다는 과거의 경험을 나타내는 패턴이에요. 「〜たことがない」는 '〜한 적이 없다'로 반대의 뜻이 됩니다.

✅ 먼저 패턴에 맞게 스스로 문장을 써 보아요.

> 일본어로 쓰는 게
> 막막하다면 옆 페이지를
> 살짝 보아요.

① 후지산에 오른 적이 있어요.

✏️　　　　　に登ったことがあります。

富士山 후지산　〜に登る 〜에 오르다

② 나는 어릴 때 미국에 산 적이 있어요.

✏️

子供の時 어릴 때　〜に住む 〜에 살다

③ 길에서 우연히 연예인을 만난 적은 있어요?

✏️

道 길　〜で 〜에서　偶然 우연히　芸能人 연예인　〜に会う 〜을/를 만나다

④ 한 번도 고백받은 적이 없어.

✏️

一度も 한 번도　告白される 고백받다

⑤ 양치를 하지 않고 잔 적은 없어요.

✏️

歯磨き 양치　する 하다　〜ないで 〜하지 않고　寝る 자다

◯| 실전 회화 속 패턴 찾기

Ⓐ お好み焼き、食べたことある？
오코노미야키 먹은 적 있어?

Ⓑ うん、あるよ。すごくおいしかった。
응. 있어. 굉장히 맛있었어.

⊘ 원어민 음성을 듣고 문장을 따라 써 보아요.

❶‥ 후지산에 오른 적이 있어요.

🎙 富士山に登ったことがあります。

❷‥ 나는 어릴 때 미국에 산 적이 있어요.

🎙 私は子供の時、アメリカに住んだことがあります。

❸‥ 길에서 우연히 연예인을 만난 적은 있어요?

🎙 道で偶然芸能人に会ったことはありますか。

❹‥ 한 번도 고백받은 적이 없어.

🎙 一度も告白されたことがない。

❺‥ 양치를 하지 않고 잔 적은 없어요.

🎙 歯磨きをしないで寝たことはありません。

~하는 편이 좋아

せんせい き ほう
先生に聞いた方がいい。

선생님에게 물어보는 편이 좋아.

「～た方がいい」는 '～하는 편이 좋다', '～하는 게 낫다'라는 뜻으로 주로 과거형(た형)에 접속합니다. 상대에 대한 조언, 충고의 의미가 강할 때 과거형으로 쓰는 것이 보통이에요.

✅ **먼저 패턴에 맞게 스스로 문장을 써 보아요.**

> 일본어로 쓰는 게
> 막막하다면 옆 페이지를
> 살짝 보아요.

①·· 바이러스 체크를 하는 편이 좋아.

🖊   をした方がいい。

ウイルスチェック 바이러스 체크

②·· 감기일 때는 마스크를 하는 편이 좋아요.

🖊

かぜ とき
風邪 감기   **時** 때   **マスクをつける** 마스크를 하다   **よ** 종조사(강조)

③·· 단어를 많이 외우는 편이 좋아요.

🖊

たんご おぼ
単語 단어   **たくさん** 많이   **覚える** 외우다

④·· 이제 포기하는 게 나아.

🖊

あきら
もう 이제   **諦める** 포기하다

⑤·· 그쪽은 위험하기 때문에 가지 않는 편이 좋아.

🖊

あぶ い ほう
そっち 그쪽   **危ない** 위험하다   **～から** ～때문에   **行く** 가다   **～ない方がいい** ～하지 않는 편이 좋다

실전 회화 속 패턴 찾기

A カード、なくしたみたい。

카드 잃어버린 것 같아.

B じゃ、銀行に連絡した方がいいよ。

그럼 은행에 연락하는 게 좋아.

✅ **원어민 음성을 듣고 문장을 따라 써 보아요.** MP3 10-10

1 바이러스 체크를 하는 편이 좋아.

🎤 ウイルスチェックをした方がいい。

2 감기일 때는 마스크를 하는 편이 좋아요.

🎤 風邪の時は、マスクをつけた方がいいですよ。

3 단어를 많이 외우는 편이 좋아요.

🎤 単語をたくさん覚えた方がいいです。

4 이제 포기하는 게 나아.

🎤 もう諦めた方がいい。

5 그쪽은 위험하기 때문에 가지 않는 편이 좋아.

🎤 そっちは危ないから行かない方がいい。

동사 た형 패턴
72

~하거나 ~하거나

行ったり来たり
い　　　き

왔다 갔다

「~たり~たり」는 '~하거나 ~하거나', '~하기도 하고 ~하기도 하고'의 뜻으로 여러 동작을 열거할 때 쓰는 패턴이에요.

✓ **먼저 패턴에 맞게 스스로 문장을 써 보아요.**

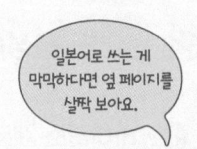

일본어로 쓰는 게 막막하다면 옆 페이지를 살짝 보아요.

①‥ 친구를 만나서 쇼핑을 하거나 영화를 보거나 했어요.

✎ ＿＿＿＿＿＿＿＿＿ をしたり ＿＿＿＿＿ を見たり

友達 친구　~に会う ~을/를 만나다　買い物をする 쇼핑을 하다
ともだち　　　　あ　　　　　　　　　か　もの

②‥ 어제는 비가 내리기도 하고 바람이 불기도 했어요.

✎

昨日 어제　雨が降る 비가 내리다　風が吹く 바람이 불다
きのう　　あめ　ふ　　　　　　　かぜ　ふ

③‥ 전철 안에서는 음악을 듣거나 책을 읽거나 해.

✎

電車 전철　中では 안에서는　音楽を聞く 음악을 듣다　本を読む 책을 읽다
でんしゃ　なか　　　　　おんがく　き　　　　　ほん　よ

④‥ 고등학생은 웃기도 하고 이야기하기도 하고 있어요.

✎

高校生 고등학생　笑う 웃다　話す 이야기하다
こうこうせい　　　わら　　　はな

⑤‥ 쉬는 날에는 청소를 하거나 요리를 만들거나 해요.

✎

休みの日 쉬는 날　~には ~에는　掃除をする 청소를 하다　料理 요리　作る 만들다
やす　ひ　　　　　　　　　　そうじ　　　　　　りょうり　　　つく

실전 회화 속 패턴 찾기

Ⓐ インターネットでどんなことができますか。

인터넷으로 어떤 일을 할 수 있나요?

Ⓑ メールを送ったり、情報を検索したりできます。

메일을 보내거나 정보를 검색하거나 할 수 있어요.

원어민 음성을 듣고 문장을 따라 써 보아요.

❶ 친구를 만나서 쇼핑을 하거나 영화를 보거나 했어요.

🎤 友達に会って買い物をしたり、映画を見たりしました。

❷ 어제는 비가 내리기도 하고 바람이 불기도 했어요.

🎤 昨日は雨が降ったり風が吹いたりしました。

❸ 전철 안에서는 음악을 듣거나 책을 읽거나 해.

🎤 電車の中では音楽を聞いたり本を読んだりする。

❹ 고등학생은 웃기도 하고 이야기하기도 하고 있어요.

🎤 高校生は笑ったり話したりしています。

❺ 쉬는 날에는 청소를 하거나 요리를 만들거나 해요.

🎤 休みの日には掃除をしたり料理を作ったりします。

자신감 있게 말해보기로 했어요.

빈칸을
채워보세요.

もう

_____。

이제 포기하는 편이 좋아.

富士山に
ふ じ さん

_____。

후지산에 오른 적이 있어요.

授業が
じゅぎょう

_____。

수업이 막 끝났어요.

一度も
いち ど

_____。

한 번도 고백 받은 적이 없어.

•동사 た형 패턴•

총정리

①	~한 후에	~た後で あと
②	~한 채	~たまま
③	막 ~했어	~たばかりだ
④	~한 적이 있어	~たことがある
⑤	~하는 편이 좋아	~た方がいい ほう
⑥	~하거나 ~하거나	~たり~たり

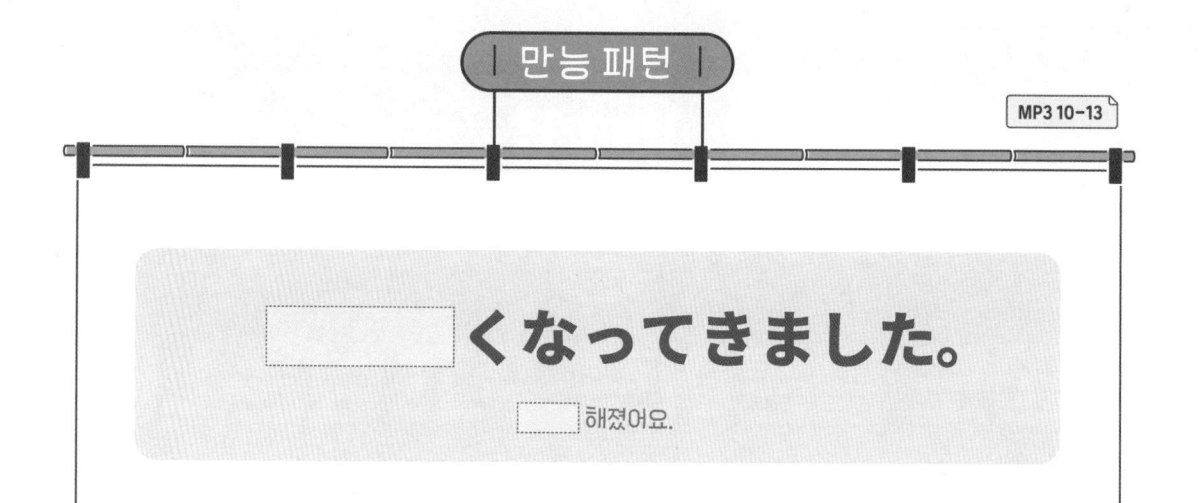

MP3 10-13

☐ **くなってきました。**

☐ 해졌어요.

_{あたた}
暖かくなってきました。

따뜻해졌어요.

_{あつ}
暑くなってきました。

더워졌어요.

_む_{あつ}
蒸し暑くなってきました。

무더워졌어요.

_{すず}
涼しくなってきました。

시원해졌어요.

_{さむ}
だんだん寒くなってきました。

점점 추워졌어요.

　일본인과 날씨에 대해 이야기할 때 '덥네요', '춥네요'만 말하고 있지 않았나요? 더 풍성하게 말할 수 있는 마법의 패턴을 준비했어요. '요즘 부쩍 더워졌죠' 이런 식으로 '~해졌다'는 변화 표현을 넣어 말할 수 있어요. 일상에서도 자주 쓰는 패턴입니다.

Unit 11

고민

꿈도 일본어로 꾸고 싶은 나

꿈도 일본어로 꾸고 싶은 당신에겐

뇌 세팅 패턴
처방전

24시간 뇌세팅 🧪🧪🧪

노력 💊💊💊💊💊

실력 💊💊💊

꾸준함 💊💊

잠꼬대도 일본어로 하려면 쉽지 않은데요... 노력 캡슐 5개 몽땅 드시고 시작할게요.

잠꼬대도 일본어로 할 수 있는 정도라는 건 평소의 생각도 일본어로 한다는 뜻이 되겠죠.

아래와 같은 단계로 학습자님도 따라해 보세요.

1단계: '일상생활에서 쓰는 물건을 일본어로 내뱉기' 지금부터 눈에 보이는 모든 것

을 일본어 단어로 말해야 합니다. 「ベッド」(침대), 「ケータイ」(휴대폰), 「ドア」(문) 등

소리를 내면서 해도 좋고 혼자 중얼거려도 좋아요. 2단계: '일상생활을 문장으로 이야

기해 보기' 「お腹空いた」(배고파), 「お客さんいっぱいだね」(손님 많네) 생각이 나는

동시에 일본어로 중얼거려야 합니다. 3단계: '가상의 상황 만들어 상상하기' 예를 들어

좋아하는 연예인을 만났다고 상상하는 거예요. 「本当に会いたかったです」(정말로

만나고 싶었어요) 잠들기 마지막 순간까지 이렇게 일본어로 중얼거리면 정말 꿈에서도

일본어를 하고 있을 거예요. 이번 파트에서는 꿈도 일본어로 꿀 수 있게, 일본어 뇌 세팅

패턴을 배울 거예요. 자동반사로 일본어가 나올 수 있도록 도와드릴게요.

~인 것 같다, ~라고 한다

だれ き
誰か来たらしい。

누군가 온 것 같아.

「~らしい」는 '~인 것 같다', '~라고 한다'의 뜻으로 객관적인 근거를 바탕으로 전해들은 것을 종합해서 추측하는 용법으로 자주 사용해요.

명사	がくせい 学生 ➡ 学生らしい 학생인 것 같다, 학생이라고 한다
い형용사	おいしい ➡ おいしいらしい 맛있는 것 같다, 맛있다고 한다
な형용사	ひま 暇だ ➡ 暇らしい 한가한 것 같다, 한가하다고 한다
동사	あめ ふ 雨が降る ➡ 雨が降るらしい 비가 내릴 것 같다, 비가 내린다고 한다

✅ **먼저 패턴에 맞게 스스로 문장을 써 보아요.**

> 일본어로 쓰는 게
> 막막하다면 옆 페이지를
> 살짝 보아요.

① 취직이 결정된 것 같아요.

✎   らしいです。

しゅうしょく き
就職 취직 決まる 결정되다

② 모두 벌써 외출해 버린 것 같아요. 전화를 안 받아요.

✎

みんな 모두 もう 벌써 で
出かける 외출하다 ~てしまう ~해 버리다 でんわ で
電話に出る 전화를 받다

③ 비가 내린 것 같군요. 도로가 젖어 있어요.

✎

あめ ふ
雨が降る 비가 내리다 どうろ
道路 도로 ぬ
濡れる 젖다

④ 누군가 온 것 같네요. 노크 소리가 나요.

✎

だれ
誰か 누군가 く
来る 오다 ね 종조사(확인, 동의) ノック 노크 おと
音がする 소리가 나다

🔍 실전 회화 속 패턴 찾기

Ⓐ 最近TikTokっていうのが流行ってるらしいよ。

최근 TikTok이라는 게 유행하고 있는 것 같아.

Ⓑ なに、それ？まったく若い人にはついていけないね。

뭐야 그게? 정말이지 젊은 사람에게는 따라갈 수가 없네.

✅ **원어민 음성을 듣고 문장을 따라 써 보아요.**

❶ 취직이 결정된 것 같아요.

🎤 就職が決まったらしいです。

❷ 모두 벌써 외출해 버린 것 같아요. 전화를 안 받아요.

🎤 みんなもう出かけてしまったらしいです。電話に出ません。

❸ 비가 내린 것 같군요. 도로가 젖어 있어요.

🎤 雨が降ったらしいですね。道路が濡れています。

❹ 누군가 온 것 같네요. 노크 소리가 나요.

🎤 誰か来たらしいですね。ノックの音がします。

~일 것 같다, ~해 보인다, ~라고 한다

雨が降りそう・降るそう。
あめ　ふ

비가 올 것 같아.　　　　　　　　　　비가 온대.

「~そうだ」는 '~일 것 같다', '~해 보인다'의 뜻으로 바로 보고 느낀 인상이나 느낌을 표현할 수 있어요. 회화에서는 ~そうだ의 ~だ를 떼고 「~そう」로만 사용할 수 있어요. 또한 '~라고 한다'의 뜻으로 들은 이야기를 객관적으로 전달할 수 있어요.

명사	X	学生だそうだ　학생이라고 한다 がくせい
い형용사	おいしい ➡ おいしそうだ　맛있을 것 같다	おいしいそうだ　맛있다고 한다
な형용사	暇だ ➡ 暇そうだ　한가할 것 같다 ひま	暇だそうだ　한가하다고 한다
동사	雨が降る ➡ 雨が降りそうだ　비가 내릴 것 같다 あめ ふ	雨が降るそうだ　비가 내린다고 한다

☑️ **먼저 패턴에 맞게 스스로 문장을 써 보아요.**

> 일본어로 쓰는 게
> 막막하다면 옆 페이지를
> 살짝 보아요.

①‥ 맛있을 것 같아. / 맛없을 것 같아.

🖉 おいしそう。

おいしい 맛있다　まずい 맛없다

②‥ 지금이라도 비가 내릴 것 같군요.

🖉

今にも 지금이라도　雨が降る 비가 내리다　ね 종조사(확인, 동의)
いま あめ ふ

③‥ 좋은 추억이 될 것 같아요.

🖉

いい 좋다　思い出になる 추억이 되다 おも で

④‥ 이것이 최근 유행하고 있는 스타일이라고 해요.

🖉

これ 이것　最近 최근　流行る 유행하다　スタイル 스타일
さいきん はや

Ⓐ ミンジさんって、本当にスタイルいいよね。

민지 씨 말야, 정말 스타일 좋지?

Ⓑ そうね。いつもスーツだけど、ジーンズも似合いそうね。

그러게. 항상 정장 차림인데 청바지도 어울릴 것 같아.

☑ **원어민 음성을 듣고 문장을 따라 써 보아요.**

MP3 11-04

❶ ·· 맛있을 것 같아. / 맛없을 것 같아.

🎤 おいしそう。/ まずそう。

❷ ·· 지금이라도 비가 내릴 것 같군요.

🎤 今にも雨が降りそうですね。

❸ ·· 좋은 추억이 될 것 같아요.

🎤 いい思い出になりそうです。

❹ ·· 이것이 최근 유행하고 있는 스타일이라고 해요.

🎤 これが最近流行っているスタイルだそうです。

~인 것 같다, ~인 듯하다

夢のようだ·みたい。

꿈 같다.　　　　　　꿈 같아.

「~ようだ」는 '~인 것 같다', '~인 듯하다'의 뜻으로 말하는 사람의 주관적인 추측을 나타내요. 「~みたいだ」는 ~ようだ의 회화체 표현으로 이해하시면 됩니다. 회화에서는 ~みたいだ의 だ를 떼고 「~みたい」로 사용할 수 있어요.

명사	学生 ➡ 学生のようだ	학생인 것 같다	学生みたい	학생인 것 같아
い형용사	おいしい ➡ おいしいようだ	맛있는 것 같다	おいしいみたい	맛있는 것 같아
な형용사	暇だ ➡ 暇なようだ	한가한 것 같다	暇みたい	한가한 것 같아
동사	雨が降る ➡ 雨が降るようだ	비가 내릴 듯 하다	雨が降るみたい	비가 내릴 듯해

☑ 먼저 패턴에 맞게 스스로 문장을 써 보아요.

> 일본어로 쓰는 게 막막하다면 옆 페이지를 살짝 보아요.

① 진짜 다이아몬드 같아요.

🖉　　　　　　　みたいです。

本物 진짜　ダイヤモンド 다이아몬드

② 마치 꿈같은 이야기네요.

🖉

まるで 마치　夢 꿈　話 이야기　ね 종조사(확인, 동의)

③ 그녀는 술이 센 것 같아요.

🖉

彼女 그녀　お酒が強い 술이 세다

④ 모두 좋은 사람 같아서 다행이야.

🖉

みんな 모두　いい 좋다　人 사람　よかった 다행이다

Ⓐ キムさんは日本語がぺらぺらで、納豆もよく食べます。

김 씨는 일본어가 유창하고 낫토도 잘 먹어요.

Ⓑ まるで日本人みたいですね。

마치 일본인 같군요.

✅ **원어민 음성을 듣고 문장을 따라 써 보아요.**

❶ ·· 진짜 다이아몬드 같아요.

🎤 本物のダイヤモンドみたいです。

❷ ·· 마치 꿈같은 이야기네요.

🎤 まるで夢みたいな話ですね。

❸ ·· 그녀는 술이 센 것 같아요.

🎤 彼女はお酒が強いみたいです。

❹ ·· 모두 좋은 사람 같아서 다행이야.

🎤 みんないい人みたいで、よかった。

~일 거야, ~일 거예요

雪が降るだろう・でしょう。

눈이 올 거야.　　　　　　　　　　　오겠죠.

「~だろう」는 '~일 것이다', '~일 거야'의 뜻으로 불확실한 추측(나의 예감)을 나타내요. ~でしょう는 '~일 거예요', '~이겠죠'의 뜻으로 ~だろう의 공손한 형태예요. 회화에서 ~だろう는 남성이, ~でしょう는 여성이 많이 쓰는 경향이 있습니다.

명사	学生 ➡ 学生だろう・でしょう	학생일 거야, 학생이겠죠
이형용사	おいしい ➡ おいしいだろう・でしょう	맛있을 거야, 맛있겠죠
な형용사	暇だ ➡ 暇だろう・でしょう	한가할 거야, 한가하겠죠
동사	雨が降る ➡ 雨が降るだろう・でしょう	비가 내릴 거야, 비가 내리겠죠

🗹 먼저 패턴에 맞게 스스로 문장을 써 보아요.

> 일본어로 쓰는 게 막막하다면 옆 페이지를 살짝 보아요.

① 내일은 아마 눈이 내릴 거야.

🖊 　　　　　　　　　降るだろう。

明日 내일　たぶん 아마　雪が降る 눈이 내리다

② 머지않아 어떻게든 되겠지.

🖊

そのうち 머지않아　なんとか 어떻게든　なる 되다

③ 그런 거 아무도 안 믿을 거야.

🖊

そんなの 그런 것　誰も 아무도　信じる 믿다

④ 그 이상의 도전은 어렵겠죠.

🖊

それ以上 그 이상　挑戦 도전　難しい 어렵다

실전 회화 속 패턴 찾기

Ⓐ 会議は何時に終わりますか。

회의는 몇 시에 끝나요?

Ⓑ 12時には終わるでしょう。

12시에는 끝나겠죠.

☑ 원어민 음성을 듣고 문장을 따라 써 보아요.

❶·· 내일은 아마 눈이 내릴 거야.

🎤 明日はたぶん雪が降るだろう。

❷·· 머지않아 어떻게든 되겠지.

🎤 そのうちなんとかなるだろう。

❸·· 그런 거 아무도 안 믿을 거야.

🎤 そんなの誰も信じないだろう。

❹·· 그 이상의 도전은 어렵겠죠.

🎤 それ以上の挑戦は難しいでしょう。

~일지도 모른다

_{かぜ}
風邪をひいた**かもしれない。**

감기에 걸렸을지도 몰라.

「~かもしれない」는 '~일지도 모른다'의 뜻으로 그럴 가능성도 있고, 아닐 가능성도 있다는 뉘앙스로 사용돼요. 공손한 표현으로 「~かもしれません」(~일지도 모릅니다)을 사용할 수 있어요.

명사	_{がくせい}学生 ➡ 学生かもしれない　학생일지도 몰라
い형용사	おいしい ➡ おいしいかもしれない　맛있을지도 몰라
な형용사	_{ひま}暇だ ➡ 暇かもしれない　한가할지도 몰라
동사	_{あめ ふ}雨が降る ➡ 雨が降るかもしれない　비가 내릴지도 몰라

✅ **먼저 패턴에 맞게 스스로 문장을 써 보아요.**

> 일본어로 쓰는 게 막막하다면 옆 페이지를 살짝 보아요.

①‥ 무언가 있었는지도 몰라.

🖊 あったかもしれない。

_{なに}何か 무언가　ある 있다　あった 있었다

②‥ 전 남친을 아직 좋아하는지도 몰라요.

🖊

_{もとかれ}元彼 전 남친　まだ 아직　_{かれ す}彼のことが好きだ 그와 관련된 모든 것을 좋아한다

③‥ 스즈키 씨가 전화를 받지 않아요. 지금 일로 바쁠지도 몰라요.

🖊

_{でんわ で}電話に出る 전화를 받다　_{いま}今 지금　_{しごと}仕事 일　~で ~로　_{いそが}忙しい 바쁘다

④‥ 목이 아프니까 어쩌면 감기에 걸렸을지도 몰라.

🖊

_{のど いた}喉が痛い 목이 아프다　~から ~때문에　ひょっとしたら 어쩌면　_{かぜ}風邪をひく 감기에 걸리다

214

Ⓐ プリンターがまったく動きません。

프린터가 전혀 작동하지 않아요.

Ⓑ 故障かもしれません。サービスセンターに連絡しましょう。

고장일지도 몰라요. 서비스센터에 연락합시다.

✅ 원어민 음성을 듣고 문장을 따라 써 보아요.

❶ ‥ 무언가 있었는지도 몰라.

🎙 何かあったかもしれない。

❷ ‥ 전 남친을 아직 좋아하는지도 몰라요.

🎙 元彼のことがまだ好きかもしれません。

❸ ‥ 스즈키 씨가 전화를 받지 않아요. 지금 일로 바쁠지도 몰라요.

🎙 鈴木さんが電話に出ません。今仕事で忙しいかもしれません。

❹ ‥ 목이 아프니까 어쩌면 감기에 걸렸을지도 몰라.

🎙 喉が痛いから、ひょっとしたら風邪をひいたかもしれない。

~하면, (항상) ~한다

1に 2 を足すと 3 になる。

1에 2를 더하면 3이 돼.

「～と」는 '～하면, (항상)~한다'의 뜻으로 변함없이 반복적으로 성립되는 관계를 나타내요. 주로 사실, 자연 현상, 진리 등을 표현할 때 씁니다.

명사	学生 ➡ 学生だと 학생이라면
い형용사	おいしい ➡ おいしいと 맛있다면
な형용사	暇だ ➡ 暇だと 한가하다면
동사	雨が降る ➡ 雨が降ると 비가 내리면

✅ 먼저 패턴에 맞게 스스로 문장을 써 보아요.

> 일본어로 쓰는 게 막막하다면 옆 페이지를 살짝 보아요.

① ·· 1에 2를 더하면 3이 됩니다.

✏️　　　足すと

足す 더하다　명사+になる ~이/가 되다

② ·· 봄이 되면 꽃이 핀다.

✏️

春 봄　花が咲く 꽃이 피다

③ ·· 100엔 동전을 넣으면 표가 나와요.

✏️

百円 100엔　コイン 동전　入れる 넣다　切符が出る 표가 나오다

④ ·· 이 길을 곧장 가면 우체국이 있어요.

✏️

この 이　道 길　まっすぐ 곧장　郵便局 우체국　ある 있다

Ⓐ あのう、コンビニはどこですか。

저기, 편의점은 어디예요?

Ⓑ この道を右に曲がるとあります。

이 길을 오른쪽으로 돌면 있어요.

☑️ **원어민 음성을 듣고 문장을 따라 써 보아요.**　　　　MP3 11-12

❶ ·· 1에 2를 더하면 3이 됩니다.

🎤 1に2を足すと3になります。

❷ ·· 봄이 되면 꽃이 핀다.

🎤 春になると花が咲く。

❸ ·· 100엔 동전을 넣으면 표가 나와요.

🎤 100円コインを入れると、切符が出ます。

❹ ·· 이 길을 곧장 가면 우체국이 있어요.

🎤 この道をまっすぐ行くと郵便局があります。

~하면(가정)

<ruby>天気<rt>てんき</rt></ruby>がよければ<ruby>行<rt>い</rt></ruby>く。

날씨가 좋으면 갈게.

「〜ば」는 '〜하면'이라는 뜻으로 아직 이루어지지 않은 일의 가정을 뜻합니다. 가장 일반적인 가정 표현이라고 이해하시면 됩니다. 앞의 일이 성립되면 뒤의 일이 성립된다는 의미에요.

명사	<ruby>学生<rt>がくせい</rt></ruby> ➡ 学生なら(ば) 학생이라면
い형용사	おいしい ➡ おいしければ 맛있다면
な형용사	<ruby>暇<rt>ひま</rt></ruby>だ ➡ 暇なら(ば) 한가하다면
동사	<ruby>雨<rt>あめ</rt></ruby>が<ruby>降<rt>ふ</rt></ruby>る ➡ 雨が降れば 비가 내리면

✅ 먼저 패턴에 맞게 스스로 문장을 써 보아요.

> 일본어로 쓰는 게 막막하다면 옆 페이지를 살짝 보아요.

① 가격이 비싸면 안 사요.

✏️ 高ければ

<ruby>値段<rt>ねだん</rt></ruby> 가격　<ruby>高<rt>たか</rt></ruby>い 비싸다　<ruby>買<rt>か</rt></ruby>う 사다

② 내일 비라면 운동회는 중지에요.

✏️

<ruby>明日<rt>あした</rt></ruby> 내일　<ruby>雨<rt>あめ</rt></ruby> 비　<ruby>運動会<rt>うんどうかい</rt></ruby> 운동회　<ruby>中止<rt>ちゅうし</rt></ruby> 중지

③ 날씨가 좋으면 갈게요.

✏️

<ruby>天気<rt>てんき</rt></ruby> 날씨　よい 좋다　<ruby>行<rt>い</rt></ruby>く 가다

④ 일본어는 공부하면 할수록 어려워요.

✏️

<ruby>勉強<rt>べんきょう</rt></ruby>する 공부하다　〜ば〜ほど 〜하면 〜할수록　<ruby>難<rt>むずか</rt></ruby>しい 어렵다

Ⓐ プサンの<ruby>海<rt>うみ</rt></ruby>はとてもきれいでしたよ。

부산 바다는 매우 예뻤어요.

Ⓑ <ruby>機会<rt>き かい</rt></ruby>があれば<ruby>一度行<rt>いち ど い</rt></ruby>ってみたいですね。

기회가 있으면 한 번 가보고 싶군요.

✓ 원어민 음성을 듣고 문장을 따라 써 보아요.

MP3 11-14

❶ 가격이 비싸면 안 사요.

🎤 値段が高ければ買いません。

❷ 내일 비라면 운동회는 중지에요.

🎤 明日雨ならば運動会は中止です。

❸ 날씨가 좋으면 갈게요.

🎤 天気がよければ行きます。

❹ 일본어는 공부하면 할수록 어려워요.

🎤 日本語は勉強すればするほど難しいです。

~하면

着いたら連絡してね。

도착하면 연락해.

「~たら」는 '~하면'의 뜻으로 완료형에 접속하는 만큼 앞 조건이 이루어졌을 경우를 가정해요.

명사	学生 ➡ 学生だったら 학생이라면
い형용사	おいしい ➡ おいしかったら 맛있다면
な형용사	暇だ ➡ 暇だったら 한가하다면
동사	雨が降る ➡ 雨が降ったら 비가 내리면

* 접속의 형태가 과거형이지 과거의 뜻이 있는 것은 아닙니다!

☑ 먼저 패턴에 맞게 스스로 문장을 써 보아요.

일본어로 쓰는 게 막막하다면 옆 페이지를 살짝 보아요.

①·· 공항에 도착하면 연락해 주세요.

🖉　　　　に着いたら

空港 공항　~に着く ~에 도착하다　連絡 연락

②·· 가격이 싸면 사 올게요.

🖉

値段 가격　安い 싸다　買う 사다　来る 오다

③·· 복권에 당첨되면 뭐 하고 싶어?

🖉

宝くじに当たる 복권에 당첨되다　何 무엇　したい 하고 싶다

④·· 내일 한가하면 같이 어딘가 가자.

🖉

明日 내일　暇だ 한가하다　一緒に 함께　どこか 어딘가　行く 가다

실전 회화 속 패턴 찾기

Ⓐ 駅<small>えき</small>に着<small>つ</small>いたら連絡<small>れんらく</small>してね。

역에 도착하면 연락해.

Ⓑ 分<small>わ</small>かった。着<small>つ</small>いたら電話<small>でん わ</small>するね。

알았어. 도착하면 전화할게.

☑ **원어민 음성을 듣고 문장을 따라 써 보아요.**

MP3 11-16

❶·· 공항에 도착하면 연락해 주세요.

🎤 空港に着いたら連絡してください。

❷·· 가격이 싸면 사 올게요.

🎤 値段が安かったら買って来ます。

❸·· 복권에 당첨되면 뭐 하고 싶어?

🎤 宝くじに当たったら、何したい？

❹·· 내일 한가하면 같이 어딘가 가자.

🎤 明日暇だったら、一緒にどこか行こう。

～라면, ～한다면

ガムならロッテ。

껌이라면 롯데.

「～なら」는 '～라면, ～한다면'의 뜻으로 상대방이 말한 내용을 근거로 조언, 권유하는 용법이에요.

명사	学生(がくせい) ➡ 学生なら 학생이라면
い형용사	おいしい ➡ おいしいなら 맛있다면
な형용사	暇(ひま)だ ➡ 暇なら 한가하다면
동사	雨(あめ)が降(ふ)る ➡ 雨が降るなら 비가 내린다면

☑ **먼저 패턴에 맞게 스스로 문장을 써 보아요.**

> 일본어로 쓰는 게 막막하다면 옆 페이지를 살짝 보아요.

①·· 도쿄에 간다면 신주쿠가 좋아요.

🖊 　　　　へ行くなら

東京(とうきょう) 도쿄　～へ行(い)く ～에 가다　新宿(しんじゅく) 신주쿠　いい 좋다　～よ 종조사(강조)

②·· 역시 스포츠라면 다나카 씨에요.

🖊

やっぱり=やはり 역시　スポーツ 스포츠

③·· 귀찮다면 이제 안 해도 돼.

🖊

めんどうくさい 귀찮다　もう 이제　やる 하다　～なくて(も)いい ～하지 않아도 된다

④·· 일본어라면 와카메 센세가 최고!

🖊

日本語(にほんご) 일본어　最高(さいこう) 최고

222

Ⓐ 日本の温泉、どこがいいですか。

일본 온천 어디가 좋아요?

Ⓑ 温泉なら箱根がいいですよ。

온천이라면 하코네가 좋아요.

☑ 원어민 음성을 듣고 문장을 따라 써 보아요.　　　MP3 11-18

❶ ‥ 도쿄에 간다면 신주쿠가 좋아요.

🎤 東京へ行くなら新宿がいいですよ。

❷ ‥ 역시 스포츠라면 다나카 씨에요.

🎤 やっぱりスポーツなら田中さんです。

❸ ‥ 귀찮다면 이제 안 해도 돼.

🎤 めんどうくさいなら、もうやらなくていい。

❹ ‥ 일본어라면 와카메 센세가 최고!

🎤 日本語ならワカメ先生が最高!

•뇌 세팅 패턴•
82

~할 예정/작정

きこく よてい
帰国する予定・つもり

귀국할 예정/작정

「~予定だ」는 '~할 예정이다'의 뜻으로 확실하게 예정된 계획이 있을 때 사용해요. 「~つもりだ」는 '~할 생각이다', '~할 작정이다'의 뜻으로 결심, 의지를 나타내는 패턴이에요.

✅ **먼저 패턴에 맞게 스스로 문장을 써 보아요.**

> 일본어로 쓰는 게 막막하다면 옆 페이지를 살펴 보아요.

① 3시부터 거래처와 미팅 예정이에요.

🖊 ミーティングの予定です。

とりひきさき 取引先 거래처   ミーティング 미팅

② 다음 주부터 학교 축제가 행해질 예정이에요.

🖊

らいしゅう 来週 다음 주   がくえんさい 学園祭 학교 축제   おこな 行われる 행해지다

③ 이 회사는 그만둘 생각이에요.

🖊

かいしゃ 会社 회사   や 辞める 그만두다

④ 중국에 여행 갈 생각이에요.

🖊

ちゅうごく 中国 중국   りょこう い 旅行に行く 여행하러 가다, 여행 가다

⑤ 졸업해도 일본어 공부는 계속할 생각이에요.

🖊

そつぎょう 卒業 졸업   ~ても ~해도   にほんご 日本語 일본어   べんきょう 勉強 공부   つづ 続ける 계속하다

실전 회화 속 패턴 찾기

A 今度の日曜日、何か予定入っていますか。
이번 일요일 무언가 계획이 있어요?

B その日は同窓会に出席する予定ですけど。
그날은 동창회에 참석할 예정인데요.

원어민 음성을 듣고 문장을 따라 써 보아요.

❶ 3시부터 거래처와 미팅 예정이에요.

🎤 3時から取引先とミーティングの予定です。

❷ 다음 주부터 학교 축제가 행해질 예정이에요.

🎤 来週から学園祭が行われる予定です。

❸ 이 회사는 그만둘 생각이에요.

🎤 この会社は辞めるつもりです。

❹ 중국에 여행 갈 생각이에요.

🎤 中国へ旅行に行くつもりです。

❺ 졸업해도 일본어 공부는 계속할 생각이에요.

🎤 卒業しても日本語の勉強は続けるつもりです。

일본어 뇌 세팅 이제 완벽해요

빈칸을
채워보세요.

何か_____。
なに
무언가 있었는지도 몰라.

_____話ですね。
はなし
꿈같은 이야기네요.

1に2を_____
3になります。
1에 2를 더하면 3이 돼요.

おいしそう。
_____。
맛있을 것 같아. / 맛없을 것 같아.

•뇌 세팅 패턴•
총정리

①	~인 것 같다, ~라고 한다	~らしい
②	~일 것 같다, ~해 보인다, ~라고 한다	~そうだ
③	~인 것 같다, ~인 듯하다	~ようだ・みたいだ
④	~일 거야, ~일 거예요	~だろう・~でしょう
⑤	~일지도 모른다	~かも しれない
⑥	~하면, (항상) ~한다	~と
⑦	~하면(가정)	~ば
⑧	~하면	~たら
⑨	~라면, ~한다면	~なら
⑩	~할 예정, ~할 작정	~予定・~つもり

MP3 11-21

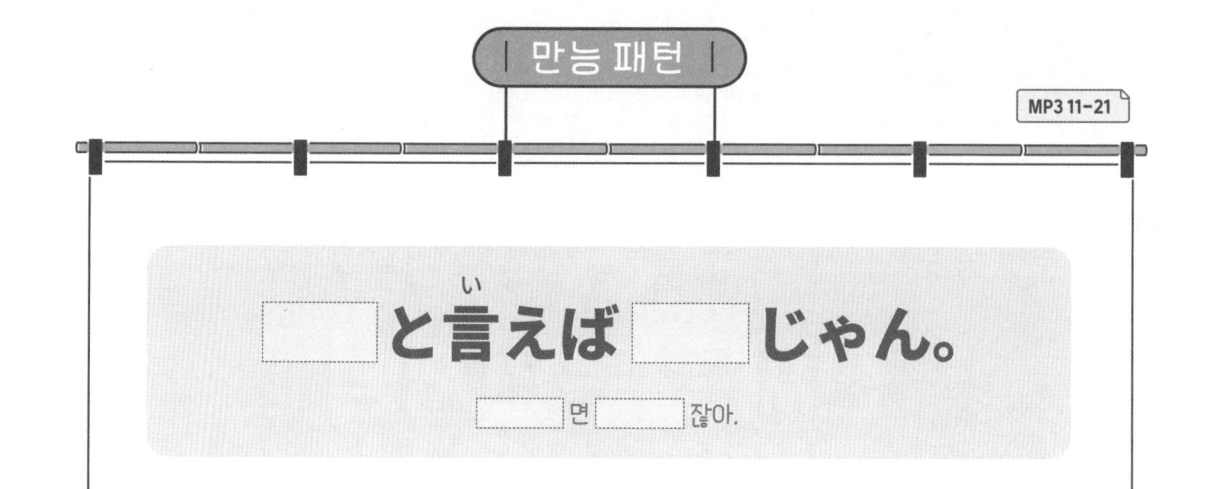

□□と言(い)えば□□じゃん。

□□면 □□잖아.

ハンバーガーと言えばマックじゃん。

햄버거 하면 맥도날드잖아.

夏(なつ)と言えば冷麺(れいめん)じゃん。

여름 하면 냉면이잖아.

キムチと言えば韓国(かんこく)じゃん。

김치 하면 한국이잖아.

ビールと言えば札幌(さっぽろ)じゃん。

맥주 하면 삿포로잖아.

お茶(ちゃ)と言えば静岡(しずおか)じゃん。

차라고 하면 시즈오카잖아.

「A と言(い)えば Bじゃん」은 'A라고 하면 B가 생각난다'(연상된다)의 뜻으로 A를 추천, 권유할 때 쓸 수 있는 패턴이에요. 일상회화에서 자주 쓰는 패턴이니 꼭 기억해 주세요.

Unit 12

진짜 일본인처럼
말하고 싶은 나

네이티브가 되고 싶은 당신에겐

네이티브 패턴
처방전

실력 ◓◓◓◓

혼잣말 △△△△△

비교 금지 △△

포기 금지 ⬚⬚

선생님 주변에 일본어 고수들의 이야기를 먼저 해 드려야겠군요. 일본어 실력자가 될 수 있었던 비결을 물어본 적이 있어요. 그때마다 고수들은 하나같이 "포기하지 않고 그냥 했기 때문이죠"라고 답했죠. 식상하고 당연한 말인 것 같지만 이 말이 진리에요. 포기하고 싶은 순간, 포기하지 않고 버텼기 때문에 이 자리에 있을 수 있었던 거예요. 선생님도 포기하고 싶은 순간이 많았어요. 수많은 한자의 벽과 늘지 않는 회화, 4번의 임용고시 실패에 일본어를 그만 접고 다른 직업으로 전향할까 진지하게 고민했던 모든 순간들이 있었어요.

그때마다 남과 비교하지 않고 꿋꿋이 버티었고 일본어 '혼잣말'을 하며 스스로를 위로했습니다. 그래요~ 선생님의 비법은 일본어 혼잣말입니다. 일본인 친구가 없어 회화를 할 곳이 없을 때도, 유학이나 학원에 갈 꿈도 못 꿀 때도 일본어 "혼잣말"을 하며 버티었어요. 여러분도 꼭 해 보세요. 이번 파트에서는 혼잣말을 넘어 네이티브처럼 보일 수 있는 패턴을 준비했어요. 좀 어려울 수 있지만 끝까지 꼭 함께 해 주세요^^

(내가 남에게) ~주다

これあげる。

이거 줄게.

「あげる」는 '주다(내가 남에게)'의 뜻으로 상대방에게 무언가를 줄 때 사용하는 패턴이에요. 「やる」는 '주다(손아랫사람이나 동식물에게)'라는 뜻으로 あげる를 일반적으로 사용해요. 「さしあげる」는 '드리다(손윗사람에게)'라는 겸양 표현이에요. 내가 상대방에게 어떤 행동을 해줄 때는 「～てあげる」의 형태로 사용합니다.

✅ **먼저 패턴에 맞게 스스로 문장을 써 보아요.**

> 일본어로 쓰는 게 막막하다면 옆 페이지를 살짝 보아요.

①·· 매일 꽃에게 물을 줘요.

> ✏️　　　　　　をやります。

毎日_{まいにち} 매일　花_{はな} 꽃　水_{みず}をやる 물을 주다

②·· 회사 동료에게 의리 초콜릿을 주었어.

> ✏️

会社_{かいしゃ} 회사　同僚_{どうりょう} 동료　義理_{ぎり} 의리　キョコ 초콜릿

③·· 친구는 그 사람에게 엽서를 주었어.

> ✏️

友達_{ともだち} 친구　そのグ　人_{ひと} 사람　葉書_{はがき} 엽서

④·· 사장님에게 여행 기념품을 드렸어요.

> ✏️

社長_{しゃちょう} 사장님　旅行_{りょこう} 여행　お土産_{みやげ} 기념품

⑤·· 나는 다나카 씨를 집까지 데려다주었어요.

> ✏️

家_{いえ} 집　送_{おく}る 보내다, 데려다주다

A 緑の傘、見なかった？
みどり かさ み

조록 우산, 못 봤어?

B あ、それ、ミンジちゃんに貸してあげたよ。
か

아, 그거 민지에게 빌려줬어.

✓ **원어민 음성을 듣고 문장을 따라 써 보아요.**　MP3 12-02

❶ 매일 꽃에게 물을 줘요.

🎤 毎日花に水をやります。

❷ 회사 동료에게 의리 초콜릿을 주었어.

🎤 会社の同僚に義理チョコをあげた。

❸ 친구는 그 사람에게 엽서를 주었어.

🎤 友達はその人に葉書をあげた。

❹ 사장님에게 여행 기념품을 드렸어요.

🎤 社長に旅行のお土産をさしあげました。

❺ 나는 다나카 씨를 집까지 데려다주었어요.

🎤 私は田中さんを家まで送ってあげました。

•네이티브 패턴•
84

(남이 나에게) ~주다

<ruby>来<rt>き</rt></ruby>てくれてありがとう。

와줘서 고마워.

「くれる」는 '주다(남이 나에게)'의 뜻으로 상대방이 나에게 무언가를 줄 때 사용하는 패턴이에요. くれる를 일반적으로 사용하고 「くださる」는 손윗사람이 줄 때 사용해요. 남이 나에게 어떤 행동을 해줄 때는 「~てくれる」의 형태로 사용합니다.

✓ **먼저 패턴에 맞게 스스로 문장을 써 보아요.**

> 일본어로 쓰는 게 막막하다면 옆 페이지를 살짝 보아요.

① ·· 친구는 나에게 돈을 주었어요.

🖊   をくれました。

<ruby>友達<rt>ともだち</rt></ruby> 친구   <ruby>お金<rt>かね</rt></ruby> 돈

② ·· 선생님은 나에게 사전을 주셨어요.

🖊

<ruby>先生<rt>せんせい</rt></ruby> 선생님   ～に ~에게   <ruby>辞書<rt>じしょ</rt></ruby> 사전

③ ·· 바쁜데도 와줘서 고마워.

🖊

<ruby>忙<rt>いそが</rt></ruby>しい 바쁘다   ～のに ~인데도   <ruby>来<rt>く</rt></ruby>る 오다

④ ·· 여러 가지 가르쳐 주셔서 감사했어요.

🖊

いろいろ 여러 가지   <ruby>教<rt>おし</rt></ruby>える 가르치다

⑤ ·· 박 씨는 나에게 우산을 빌려주었어요.

🖊

<ruby>傘<rt>かさ</rt></ruby> 우산   <ruby>貸<rt>か</rt></ruby>す 빌려주다

실전 회화 속 패턴 찾기

> **A** ちょっと手伝ってくれる？
> て つだ
>
> 잠시 도와줄래?
>
> **B** ごめん、今すごく忙しいんで。
> いま　　　　いそが
>
> 미안. 지금 굉장히 바빠서.

원어민 음성을 듣고 문장을 따라 써 보아요.

1·· 친구는 나에게 돈을 주었어요.

🎤 友達は私にお金をくれました。

2·· 선생님은 나에게 사전을 주셨어요.

🎤 先生は私に辞書をくださいました。

3·· 바쁜데도 와줘서 고마워.

🎤 忙しいのに来てくれて、ありがとう。

4·· 여러 가지 가르쳐 주셔서 감사했어요.

🎤 いろいろ教えてくださって、ありがとうございました。

5·· 박 씨는 나에게 우산을 빌려주었어요.

🎤 パクさんは私に傘を貸してくれました。

•네이티브 패턴•
85

~받다

お<ruby>年玉<rt>とし だま</rt></ruby>もらった。

세뱃돈 받았어.

「もらう」는 '받다'의 뜻으로 상대방으로부터 무언가를 받을 때 사용하는 패턴이에요. もらう를 일반적으로 사용하고 「いただく」는 손윗사람으로부터 받을 때 사용합니다. 내가 남에게 행동을 받을 때는 「~てもらう」의 형태로 사용합니다.

☑ **먼저 패턴에 맞게 스스로 문장을 써 보아요.**

> 일본어로 쓰는 게 막막하다면 옆 페이지를 살짝 보아요.

① ·· 어머니에게 용돈을 받았어요.

✏ _____ をもらいました。

母 어머니   お小遣い 용돈

② ·· 나는 선생님에게 사전을 받았어요.

✏ _____

先生 선생님   ~に ~에게   辞書 사전

③ ·· 나는 선생님에게 일본어를 가르쳐 받았어요. (선생님이 일본어를 가르쳐 주셨어요 : 은혜를 받은 느낌)

✏ _____

日本語 일본어   教える 가르치다

④ ·· 나는 박 씨에게 우산을 빌려 받았어요. (박 씨가 우산을 빌려주었어요 : 은혜를 받은 느낌)

✏ _____

傘 우산   貸す 빌려주다

⑤ ·· 이런 비싼 것을 받아도 되는 거예요?

✏ _____

こんな 이런   高い 비싸다   もの 것, 물건   ~てもいい ~해도 된다, 좋다   ~んですか ~인 거예요?

Ⓐ 社長^{しゃちょう}から何^{なに}か送^{おく}られましたか。

사장님으로부터 무언가 왔어요?

Ⓑ はい、応援^{おうえん}のメッセージをいただきました。

네. 응원 메시지를 받았어요.

☑ 원어민 음성을 듣고 문장을 따라 써 보아요.

❶ ‥ 어머니에게 용돈을 받았어요.

🎤 母にお小遣いをもらいました。

❷ ‥ 나는 선생님에게 사전을 받았어요.

🎤 私は先生に辞書をいただきました。

❸ ‥ 나는 선생님에게 일본어를 가르쳐 받았어요.

🎤 私は先生に日本語を教えていただきました。

❹ ‥ 나는 박 씨에게 우산을 빌려 받았어요.

🎤 私はパクさんに傘を貸してもらいました。

❺ ‥ 이런 비싼 것을 받아도 되는 거예요?

🎤 こんな高いものをもらってもいいんですか。

~할 수 있다(가능)

<ruby>以上<rt>いじょう</rt></ruby><ruby>食<rt>た</rt></ruby>
これ以上食べられない。

더 이상 못 먹어.

「〜られる」는 '〜할 수 있다'는 뜻으로 어떤 동작을 할 수 있다는 것을 나타내는 패턴이에요. 1그룹 동사는 「〜e단 + る」, 2그룹 동사는 「る + られる」, 3그룹 동사는 「できる, 来られる」의 형태에요.

✅ **먼저 패턴에 맞게 스스로 문장을 써 보아요.**

> 일본어로 쓰는 게 막막하다면 옆 페이지를 살짝 보아요.

① ·· 좋아하는 사람에게 좋아한다고 말할 수 있어요?

✏️ 　　　　　　　　　　言えますか。

好きだ 좋아하다　人 사람　言う 말하다

② ·· 택배는 편의점에서도 보낼 수 있어.

✏️

宅配 택배　コンビニ 편의점　送る 보내다　よ 종조사(강조)

③ ·· 술은 그다지 마실 수 없습니다만, 분위기는 좋아해요.

✏️

お酒 술　あまり 그다지　飲む 마시다　〜が 〜이지만　雰囲気 분위기

④ ·· 나는 매운 요리는 먹을 수 없어요.

✏️

辛い 맵다　料理 요리

⑤ ·· 일본어는 할 수 있습니다만, 영어는 할 수 없어요.

✏️

できる 할 수 있다, 가능하다　英語 영어

실전 회화 속 패턴 찾기

A お腹いっぱいだな。
なか

배부르구나.

B 私も。もうこれ以上食べられないよ。
わたし　　　　　　　い じょう た

나도. 이제 더 이상 못 먹어.

원어민 음성을 듣고 문장을 따라 써 보아요.

❶‥ 좋아하는 사람에게 좋아한다고 말할 수 있어요?

🎤 好きな人に好きだと言えますか。

❷‥ 택배는 편의점에서도 보낼 수 있어.

🎤 宅配はコンビニでも送れるよ。

❸‥ 술은 그다지 마실 수 없습니다만, 분위기는 좋아해요.

🎤 お酒はあまり飲めませんが、雰囲気は好きです。

❹‥ 나는 매운 요리는 먹을 수 없어요.

🎤 私は辛い料理は食べられません。

❺‥ 일본어는 할 수 있습니다만, 영어는 할 수 없어요.

🎤 日本語はできますが、英語はできません。

•네이티브 패턴•

87

~당하다, ~하게 되다(수동형)

ほめられた。

칭찬받았어.

「られる」는 '~당하다', '~하게 되다'의 뜻으로 어떤 동작이나 영향을 받는 것을 나타내는 패턴이에요.
1그룹 동사는 「a단＋れる」, 2그룹 동사는 「る＋られる」, 3그룹 동사는 「される, 来られる」의 형태에요.

✅ **먼저 패턴에 맞게 스스로 문장을 써 보아요.**

> 일본어로 쓰는 게
> 막막하다면 옆 페이지를
> 살짝 보아요.

① 선생님에게 칭찬받았어요.

🖊 　　　　　　にほめられました。

先生(せんせい) 선생님　～に ～에게　ほめる 칭찬하다

② 시험 성적이 나빠서 엄마에게 야단맞았어요.

🖊

試験(しけん) 시험　成績(せいせき) 성적　悪(わる)い 나쁘다　叱(しか)る 야단치다

③ 주의했더니 반대로 주의 받아 버렸어요.

🖊

注意(ちゅうい) 주의　逆(ぎゃく)に 반대로　～てしまう ~해 버리다

④ 지하철에서 지갑을 도둑맞았어요.

🖊

地下鉄(ちかてつ) 지하철　財布(さいふ) 지갑　盗(ぬす)まれる 훔침을 당하다, 도둑맞다

⑤ 버스 안에서 옆 사람에게 발을 밟혔어요.

🖊

バス 버스　中(なか) 안　～で ~에서　隣(となり) 이웃, 옆　人(ひと) 사람　足(あし)を踏(ふ)む 발을 밟다

Q 실전 회화 속 패턴 찾기

Ⓐ 新しい部署に移動したそうですね。

새로운 부서로 이동했다죠?

Ⓑ ええ、海外営業を任されたんですよ。

네, 해외 영업을 맡게 되었어요.

✓ **원어민 음성을 듣고 문장을 따라 써 보아요.**

❶·· 선생님에게 칭찬받았어요.

🎙 先生にほめられました。

❷·· 시험 성적이 나빠서 엄마에게 야단맞았어요.

🎙 試験の成績が悪くて母に叱られました。

❸·· 주의했더니 반대로 주의 받아 버렸어요.

🎙 注意したら逆に注意されてしまいました。

❹·· 지하철에서 지갑을 도둑맞았어요.

🎙 地下鉄で財布を盗まれました。

❺·· 버스 안에서 옆 사람에게 발을 밟혔어요.

🎙 バスの中で隣の人に足を踏まれました。

• 네이티브 패턴 •
88

~시키다, ~하게 하다(사역형)

そう じ
掃除を させた。

청소를 시켰어.

「させる」는 '~시키다', '~하게 하다'는 뜻으로 어떤 명령 또는 지시를 내리거나 허가를 나타내는 패턴이에요. 1그룹 동사는 「a단＋せる」, 2그룹 동사는 「る＋させる」, 3그룹 동사는 「させる, 来させる」의 형태에요.

☑ 먼저 패턴에 맞게 스스로 문장을 써 보아요.

> 일본어로 쓰는 게 막막하다면 옆 페이지를 살짝 보아요.

① 부장님이 야근을 시켰어요.

✎　　　　　　させました。

部長 부장님　残業 잔업, 야근

② 아들에게 시금치를 먹게 했어요.

✎

息子 아들　~に ~에게　ほうれんそう 시금치

③ 선생님은 학생들에게 짝이 되어 일본어로 이야기하게 해요.

✎

学生たち 학생들　ペアになる 짝이 되다　話す 이야기하다

④ 내가 가게 해 주세요.

✎

僕 나　行く 가다

⑤ 한마디 하게 해 주세요.

✎

一言 한마디　言う 말하다

Ⓐ 手を怪我して料理はどうしていますか。

손을 다쳐서 요리는 어떻게 하고 있어요?

Ⓑ 夫に料理を作らせています。

남편에게 요리를 만들게 하고 있어요.

☑️ **원어민 음성을 듣고 문장을 따라 써 보아요.**　　　MP3 12-12

❶·· 부장님이 야근을 시켰어요.

🎤 部長が残業をさせました。

❷·· 아들에게 시금치를 먹게 했어요.

🎤 息子にほうれんそうを食べさせました。

❸·· 선생님은 학생들에게 짝이 되어 일본어로 이야기하게 해요.

🎤 先生は学生たちにペアになって日本語で話させます。

❹·· 내가 가게 해 주세요.

🎤 僕に行かせてください。

❺·· 한마디 하게 해 주세요.

🎤 一言言わせてください。

이젠 자연스럽게 말할 수 있어요.

빈칸을 채워보세요.

先生に辞書を
せんせい　　じしょ
_____。

선생님에게 사전을 받았습니다.

部長が残業を
ぶちょう　ざんぎょう
_____。

부장님이 야근을 시켰습니다.

毎日花に水を
まいにちはな　みず
_____。

매일 꽃에게 물을 줘요.

先生に
せんせい
_____。

선생님에게 칭찬받았어요.

• 네이티브 패턴 •

총정리

①	주다 (내가 남에게)	あげる
②	주다 (남이 나에게)	くれる
③	받다 (상대방에게)	もらう
④	~할 수 있다	~られる
⑤	~당하다, ~하게 되다 (수동)	~られる
⑥	~시키다, ~하게 하다 (사역)	~させる

MP3 12-13

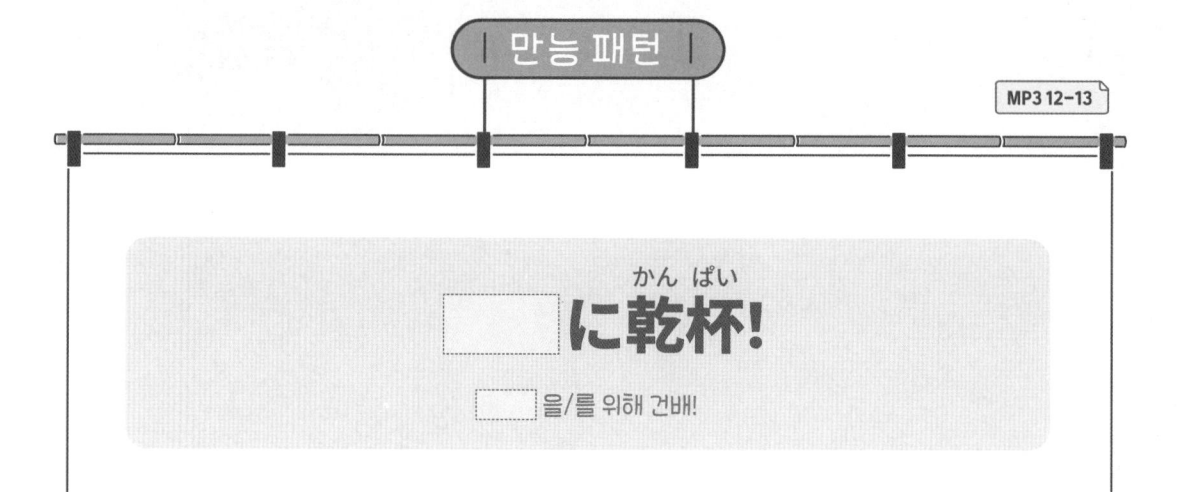

かんぱい
□ に乾杯!

□ 을/를 위해 건배!

みな　　　　けんこう
皆さんの健康に乾杯!

모두의 건강을 위해 건배!

ふたり　　しあわ
二人の幸せに乾杯!

두 사람의 행복을 위해 건배!

わたし　　　　ゆうじょう
私たちの友情に乾杯!

우리의 우정을 위해 건배!

せいこう
キムさんの成功に乾杯!

김 씨의 성공을 위해 건배!

みらい
あなたの未来に乾杯!

당신의 미래를 위해 건배!

　　마지막까지 달려오신다고 너무나 수고가 많으셨어요. 축배를 들어야 합니다. 살다보면 축배를 들 날이 많죠? 단순히 '건배'라고 하는 것보다 회화를 풍성하게 만들 수 있는 좋은 패턴이에요. '~을/를 위해'를 나타내는 「명사＋の＋ために」를 회화에서 줄여 「명사＋に」 패턴으로 표현할 수 있어요. 간략한 표현으로 여러분을 센스 있는 사람으로 만들어 줄 거예요.

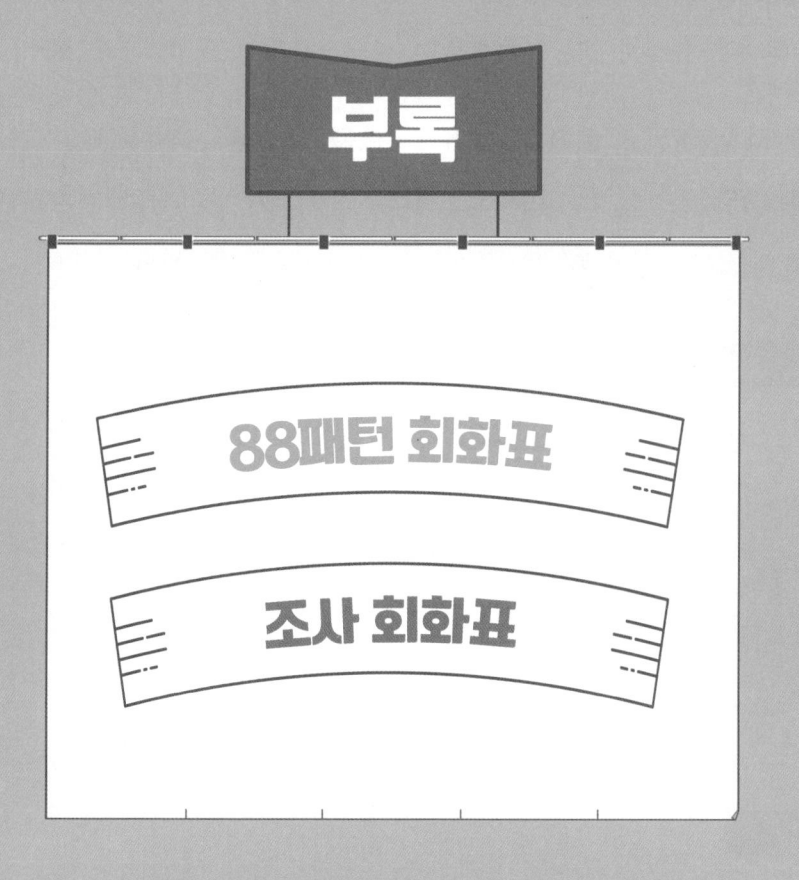

부록

88패턴 회화표

조사 회화표

88패턴 회화표

입트기 패턴			
1	~을/를 갖고 싶어	車がほしい	차를 갖고 싶어
2	~을/를 먹고 싶어 ~에 가고 싶어	すしが食べたい 日本へ行きたい	초밥을 먹고 싶어 일본에 가고 싶어
3	~을/를 좋아해, 싫어해	彼のことが好き・彼のことが嫌い	그를 좋아해, 그를 싫어해
4	~을/를 잘해, 못해	日本語が上手・日本語が下手	일본어를 잘해, 일본어를 못해
5	~은 안 돼	けんかはだめ	싸움은 안 돼

육하원칙 패턴			
6	누가	親友はだれ?	베프는 누구야?
7	언제	いつ暇ですか	언제 한가해요?
8	어디서	駅はどこですか	역은 어디예요?
9	무엇을	趣味は何ですか	취미는 뭐예요?
10	어떻게	駅までどうやって行きますか	역까지 어떻게 가요?
11	왜	どうして何も言わないの?	왜 아무 말도 안 해?

명사 패턴			
12	~다, ~이야	アイドルだ	아이돌이야
13	~였어, ~이었어	アイドルだった	아이돌이었어
14	~이/가 아니야	アイドルじゃない	아이돌이 아니야
15	~이/가 아니었어	アイドルじゃなかった	아이돌이 아니었어
16	~예요, ~이에요	アイドルです	아이돌이에요
17	~였어요, ~이었어요	アイドルでした	아이돌이었어요
18	~이/가 아니에요	アイドルじゃないです	아이돌이 아니에요
19	~이/가 아니었어요	アイドルじゃなかったです	아이돌이 아니었어요

20	~해	易しい	쉬워
21	~했어	易しかった	쉬웠어
22	안 ~해	易しくない	안 쉬워
23	안 ~했어	易しくなかった	안 쉬웠어
24	~해요	易しいです	쉬워요
25	~했어요	易しかったです	쉬웠어요
26	안 ~해요	易しくないです	안 쉬워요
27	안 ~했어요	易しくなかったです	안 쉬웠어요

| な형용사 패턴 |

28	~해	親切だ	친절하다
29	~했어	親切だった	친절했어
30	안 ~해	親切じゃない	안 친절해
31	안 ~했어	親切じゃなかった	안 친절했어
32	~해요	親切です	친절해요
33	~했어요	親切でした	친절했어요
34	안 ~해요	親切じゃないです	안 친절해요
35	안 ~했어요	親切じゃなかったです	안 친절했어요

| 동사 패턴 |

36	~해	学校、行く	학교 가
37	~했어	学校、行った	학교 갔어
38	안 ~해	学校、行かない	학교 안 가
39	안 ~했어	学校、行かなかった	학교 안 갔어
40	~해요	学校、行きます	학교 가요
41	~했어요	学校、行きました	학교 갔어요
42	안 ~해요	学校、行きません	학교 안 가요
43	안 ~했어요	学校、行きませんでした	학교 안 갔어요

44	~하지 마세요	食べないでください	먹지 마세요
45	~하지 않도록	食べないように	먹지 않도록
46	~하지 않는 게 좋아	食べない方がいい	먹지 않는 게 좋아
47	~하지 않고, ~하지 않아서	食べないで・食べなくて	먹지 않고, 먹지 않아서
48	~하지 않아도 돼 ~하지 않으면 안 돼	食べなくてもいい 食べないとだめ	먹지 않아도 돼 먹지 않으면 안 돼

49	~하면서	飲みながら	마시면서
50	~하거라	飲みなさい	마시거라
51	~하러 가	飲みに行く	마시러 가
52	너무 ~해	飲みすぎた	과음했어
53	~합시다, ~할까요? ~하지 않을래요?	飲みましょう・飲みましょうか 飲みませんか	마십시다, 마실까요? 마시지 않을래요?
54	~하고 싶어 ~하고 싶어 해	(私は)飲みたい (彼は)飲みたがっている	(나는)마시고 싶어 (그는)마시고 싶어 해
55	~하기 쉬워, ~하기 어려워	飲みやすい・飲みにくい	마시기 쉬워, 마시기 어려워
56	~하기 시작해, 다~해	飲み始めた・飲み終わった	마시기 시작했어, 다 마셨어

57	~해 주세요	休んでください	쉬세요
58	~해 주길바래	そばにいてほしい	곁에 있어 주길 바래
59	~해서 다행이야	君がいてよかった	너가 있어 다행이야
60	~하고 있어	今何してる?	지금 뭐 하고 있어?
61	~되어 있어	つくえの上に置いてある	책상 위에 놓여 있어
62	~해 둬	コピーしておく	복사해 둘게
63	~해 봐	比べてみる	비교해 볼게
64	~해 버려	忘れてしまった	잊어버렸어
65	~해 가, ~해 와	連れていく・連れてくる	데리고 가, 데리고 와
66	~해도 돼, ~해서는 안 돼	捨ててもいい・捨ててはだめ	버려도 돼, 버려서는 안 돼

| 조사 정리 |

1	~が	~이/가	私が行く	내가 가
2	~は	~은/는	私は行かない	나는 안 가
3	~も	~도	彼も行く	그도 가
		~이나	一時間もかかる	1시간이나 걸려
4	~を	~을/를	ドラマを見る	드라마를 봐
5	~と	~와/과	ペンとノート	펜과 노트
6	~や	~랑	ペンやノートなど	펜이랑 노트 등
7	~の	~의	私のノート	내 노트
		~의 것	私のです	내 것이에요
8	~に	~에(존재, 장소)	かばんの中にある	가방 안에 있어
		~에(시간)	三時に会おう	3시에 만나자
		~에게(대상)	君にあげる	너에게 줄게
9	~へ	~에, ~로(방향)	会社へ行く	회사에 가
10	~で	~에서(동작, 장소)	公園で散歩する	공원에서 산책해
		~로(수단)	ペンで書く	펜으로 써
11	~とか	~라든지/라든가	本屋とか駅とか	서점이라든가 역이라든가
12	~より	~보다	彼より背が高い	그보다 키가 커
13	~から	~부터	家から学校まで	집에서부터 학교까지
14	~まで	~까지	一時から二時まで	1시부터 2시까지

15	~ほど	~만큼, ~정도	眩しいほどきれいな彼女	눈부실 정도로 예쁜 그녀
		~할수록	多ければ多いほど	많으면 많을수록
16	~など	~등	りんごやバナナなど	사과랑 바나나 등
17	~だけ	~만, 뿐＋긍정	一つだけあります	하나만 있어요
18	~しか	~밖에＋부정	一つしかありません	하나밖에 없어요
19	~ずつ	~씩	一つずつください	하나씩 주세요
20	~よ	~이야(주장, 강조)	そんなこと知ってるよ	그런 것 알고 있어
21	~ね	~군요(확인, 동의)	あんたも知ってますね	당신도 알고 있군요
22	~の	／(확인)	どこへ行くの↗	어디에 가?
		＼(단정)	スーパーへ行くの↘	슈퍼에 가
23	~な(なあ)	~구나(혼잣말)	海へ行きたいなあ	바다에 가고 싶구나
		~하지(감정)	そう言われると、困るな	그렇게 말하면 곤란하지
24	~わ(女)	~라(감동)	まあ、きれいだわ	어머, 예뻐라
		~에요(가벼운 주장)	あたし行かないわ	나 안 가
25	~さ	~겠지(가벼운 주장)	なるようになるさ	될 대로 되겠지
26	~ぞ(男)	~할테다(강한 주장)	絶対負けないぞ	절대 지지 않을 거야
27	~かしら(女)	~일까?	これあたしに似合うかしら	이거 나한테 어울릴까?
28	~もの(もん)	~란 말이야(불평)	あの人、怖そうだもん	저 사람 무서울 것 같단 말이야
29	~っけ	~지, ~던가(확인)	あげたっけ?	줬던가?
30	~って	~래(전문)	合格したって	합격했대
31	~よね	~지?(사실 확인)	先週会ったよね	지난 주에 만났지?
32	~かな	~일까, ~려나(혼잣말)	こっちの方がいいかな	이게 더 좋으려나?